PROJET
DE CONSTITUTION

ET

CATÉCHISME RÉPUBLICAIN

SERVANT D'EXPOSÉ DES MOTIFS

PAR

HIPPOLYTE LAMARCHE

PRIX : 50 CENT.

PARIS

PAULIN, LIBRAIRE-ÉDITEUR
RUE DE RICHELIEU, 60

1848

PROJET DE CONSTITUTION

COMMENTAIRE DÉMOCRATIQUE

par

HIPPOLYTE LAMARCHE

PRIX : 30 CENT.

PARIS

PAUVIN, LIBRAIRE-ÉDITEUR

1848

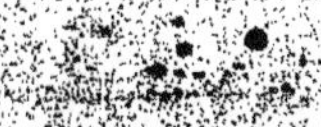

PROJET

DE CONSTITUTION

ET

CATÉCHISME RÉPUBLICAIN

SERVANT D'EXPOSÉ DES MOTIFS;

PAR

HIPPOLYTE LAMARCHE.

———

Questions préalables.

D. Avant d'essayer la rédaction de la formule constitutionnelle de la République française, n'est-il pas utile de montrer que les républiques de l'antiquité et celles du moyen âge n'offrent que des exemples à éviter comme autant d'écueils, et d'expliquer les différences essentielles qui existent entre la république démocratique et la monarchie représentative ?

R. Cela est utile, indispensable, la plupart des esprits, même distingués, obéissant à l'instinct d'imitation et prenant en arrière des idées et des formules pour le temps présent qui ne saurait vivre que de ses propres idées passées au moule de la volonté nationale.

D. Ne convient-il pas aussi de dissiper les appréhensions que fait naître l'annonce de l'établissement d'une espèce de privilége qui ferait remonter l'oppression au lieu de la faire descendre ?

R. Il faut démontrer que le privilége, qu'il vienne d'en haut, du milieu ou d'en bas, est désormais impossible. Il y a de même nécessité d'expliquer pourquoi est également impossible le retour de la dictature militaire que quelques-uns redoutent et dans laquelle d'autres espèrent.

1848

1

Prolégomènes historiques.

D. Qu'est-ce que le gouvernement républicain ?

R. En termes généraux, c'est un gouvernement où le pouvoir est confié à des magistrats élus pour un temps déterminé.

D. Cette forme de gouvernement est-elle d'une manière absolue préférable à la forme monarchique ?

R. Si le peuple tout entier n'est pas capable de participer au gouvernement par lui-même ou par ses mandataires, le principe républicain devient nécessairement oppressif, puisqu'il concentre le pouvoir dans les mains d'une ou de plusieurs classes et place ainsi le privilége au-dessus du droit.

D. Cependant Rome a conquis le monde et brisé toutes les monarchies.

R. Les triomphes de Rome résultèrent du seul bon principe qui ait trouvé place dans ses institutions : l'unité d'action politique. Mais dès que Rome ne put plus vivre aux dépens de ses conquêtes, elle déclina rapidement, rongée par le cancer du privilége.

D. Serait-ce donc à tort qu'on admire la république romaine ?

R. Cette république a possédé une incontestable supériorité relative, mais la plupart des malheurs et des souffrances de l'Europe sont nés de l'imitation intempestive des lois romaines portant l'empreinte indélébile du privilége, de la fiction, de la violence.

D. Pourquoi ces vices sont-ils inséparables de l'esprit de la législation romaine ?

R. Parce que les institutions de Rome formaient une pyramide de priviléges ayant pour base l'esclavage et le colonat, qu'il ne faut pas confondre avec les colonies. La première assise se composait des prolétaires déjà largement privilégiés ; venaient ensuite les classes dont le privilége reposait sur la propriété provinciale ou la propriété italienne, puis celles qui jouissaient du privilége attaché à la propriété quiritaire ; au sommet enfin siégeait le patriciat, qui, fort de son pouvoir héréditaire et de ses richesses patrimoniales, s'appropriait encore la plus grande part dans les terres conquises et dominait par l'usure la majorité du peuple.

D. Comment expliquer que le peuple romain ait supporté durant des siècles un ordre de choses si manifestement injuste, surtout lorsque l'on sait que ce peuple était armé du PLÉBISCITE, c'est-à-dire du

pouvoir de porter seul des lois obligatoires pour tous ? comment, par ce pouvoir, exorbitant peut-être, le peuple n'a-t-il pas dominé le sénat ?

R. Parce que ce peuple croyait aux oracles, aux miracles, et que les patriciens avaient eu l'habileté de s'emparer du sacerdoce pour rendre des oracles et faire des miracles à leur profit. Le peuple romain a porté le joug de l'aristocratie par une autre cause encore et non moins déterminante ; il croyait qu'au hasard de la naissance est légitimement attaché un privilége politique, un droit au commandement. C'est par là que Rome, qui, grâce à son courage, à sa persévérance, à sa discipline, à son génie dans les lettres, avait conquis le monde, a fini honteusement, faute de citoyens capables de vivre en travaillant ou de mourir en combattant.

D. Rome eût-elle fini de même si l'empire n'eût remplacé la république ?

R. Sans l'avénement de l'empire la chute eût été plus prompte, les empereurs ayant modéré assez souvent l'action du privilége qui causait la dissolution de la société romaine. L'empire n'a pas d'ailleurs différé essentiellement de la république. César voulait une révolution ; il l'avait largement dessinée ; au lieu de l'accomplir, Octave revint aux anciens errements ; il attribua à l'empereur tous les pouvoirs exercés précédemment par le sénat, le pontificat et le peuple. Les vices de la vieille institution républicaine ne furent pas détruits, seulement ils purent de temps à autre être atténués par l'habileté d'un Trajan, la philosophie d'un Marc-Aurèle.

D. Qu'est-ce donc que la vertu romaine depuis tant de siècles citée en exemple aux peuples et qu'on expose comme un sujet d'admiration à la jeunesse des colléges et des universités ?

R. Si par vertu on doit entendre un dévouement farouche au privilége de sa caste, un besoin inextinguible de domination par le juste ou par l'injuste, enfin un mépris de la vie qui ne se rencontra jamais au même degré, sinon, peut-être, parmi la pospolite qui a perdu la Pologne, les Romains furent vertueux. Si au contraire par vertu on doit entendre l'amour du droit commun, la modération dans la conquête, le respect de la vie humaine dans soi-même et dans les autres, enfin le sentiment du sacrifice de l'intérêt individuel à l'intérêt général dans les limites du possible et sans outrage aux lois primordiales de l'humanité, les Romains furent des monstres d'orgueil, de cruauté, de tyrannie, dont on peut admirer parfois la bravoure, le talent, mais dont les sentiments et les pratiques politiques demeurent à jamais exécrables.

D. Que faut-il penser des républiques du moyen-âge?

R. Qu'elles eurent tous les vices de Rome sans avoir sa grandeur, et qu'elles ont justement péri pour avoir scindé les nationalités et ravalé les États jusqu'aux proportions municipales.

D. Pourquoi la Suisse n'a-t-elle pas eu le même destin que l'Italie, puisque ses républiques avaient les mêmes vices?

R. Le salut de la Suisse a tenu d'abord à des circonstances géographiques; en second lieu à la rivalité des puissances qui convoitaient un territoire formant une masse de citadelles naturelles propres à l'attaque non moins qu'à la défense; troisièmement à la coërcition que la France a exercée à diverses époques sur l'Helvétie, pour l'obliger à se rapprocher du droit commun, où elle commence d'entrer à peine.

D. Est-il une espèce de république qui l'emporte virtuellement sur toute espèce de monarchie?

R. Oui. La république démocratique.

D. Peut-on rendre sensibles en peu de mots les causes de cette supériorité?

R. L'hérédité de la couronne est une fiction, car cette hérédité suppose que le droit de gouverner, qui appartient au plus capable, ou du moins à celui qui est désigné comme le plus capable par la majorité, peut être assimilé au droit qui résulte d'une propriété matérielle, et que les abus dérivant d'une telle assimilation sont corrigibles par la responsabilité des agents de la royauté et la supériorité attribuée en définitive au parlement sur le pouvoir exécutif. Or, on comprend qu'une fiction étant érigée en principe, d'autres fictions découlent nécessairement de celle-là, et que de conséquence en conséquence le gouvernement monarchique constitutionnel va s'éloignant de la vérité. L'écart n'est pas toujours et absolument intolérable, et si l'on eût tiré progressivement de la Charte de 1830 toutes les réformes dont elle contenait le germe, il est probable que le peuple français n'eût pas brisé violemment la fiction le 24 février. Toutefois, l'événement était inévitable dans un temps donné, les fictions politiques, comme les fictions religieuses, mourant toujours devant la réalité quand celle-ci arrive à l'état d'évidence, et rien n'étant plus évident désormais que ce principe : « Le meilleur des gouvernements est le gouvernement de la chose publique par la raison publique, sans fiction constitutionnelle et sans exception au droit commun. »

D. La France étant arrivée brusquement, beaucoup disent prématurément, à la république, n'est-il pas à craindre que, par les fautes inséparables de tout nouvel établissement, le peuple ne soit ramené vers la monarchie?

R. Non, la monarchie ne pouvant plus revenir qu'avec les conséquences d'une contre-révolution, et tout homme sensé sachant maintenant qu'une contre-révolution est la pire des révolutions, parce qu'elle va au rebours du progrès, loi providentielle de l'humanité.

D. Doit-on redouter l'avénement d'une dictature militaire?

R. Non, absolument non. Les César et les Napoléon sont des météores qui se détachent rarement du ciel; mais ce n'est pas seulement l'homme qui manquerait pour un dix-huit brumaire, c'est la situation qui fait à jamais défaut, le bras de tous étant armé aujourd'hui pour maintenir l'ordre qu'un dictateur put seul établir il y a quarante-neuf ans. De 1792 à 1800 les grandes passions de la France furent celles de l'égalité, de l'unité et de l'indépendance du territoire. A ces passions, obligées en 1815 à se replier sur elles-mêmes, est venu s'ajouter l'amour de la liberté, inséparable du sentiment de l'ordre. Devant la libre discussion et le suffrage universel, le recours à la violence est un ridicule dont l'esprit et le bon goût du peuple français feront justice mieux et plus promptement que l'autorité du sabre.

D. Le privilége n'étant point, ainsi que le montre l'exemple de la Grande-Bretagne, incompatible avec un certain degré de liberté, ne pourra-t-il se loger subrepticement dans les nouvelles institutions de la république?

R. Où le privilége règne en maître il tue la société nonobstant le génie, le courage, la science des classes gouvernantes. L'histoire du monde entier, et surtout celle de Rome, qui mérite d'être citée en première ligne, dépose de cette vérité. Où le privilége entre en partage avec le droit la société présente d'un côté le spectacle de la misère abjecte, de l'autre celui de la richesse insolente, dans l'ensemble tous les signes d'une corruption mortelle. Où le privilége a été une fois arraché il ne peut plus reprendre racine, fût-il arrosé de tout le sang d'une génération.

D. Ainsi le privilége ne trouvera point de place dans la constitution de la République française?

R. Il n'y trouvera du moins aucune place assez large pour y vivre. Bonaparte, en réunissant toutes les gloires de la République à toutes celles de l'Empire, n'a pu rétablir ni le privilége de l'hérédité monarchique , ni celui de l'hérédité aristocratique ; et tout ce qui, dans ses Codes, tend à relever un privilége ou seulement une préférence en faveur d'une espèce de propriété sur une autre est demeuré atteint d'un germe morbide. Les rois du privilége historique ont pensé que, si l'empereur n'avait réussi qu'à demi à greffer en France le fruit monarchique sur l'arbre républicain, c'est qu'il n'était qu'un parvenu d'un incomparable génie. Ils ont chargé les Bourbons de la branche aînée de cultiver la greffe napoléonienne en l'engraissant de tout ce qu'ils pourraient arracher de meilleur à la révolution. Le chef de la branche cadette a ensuite été appliqué à cette œuvre, dont il s'acquittait à la grande satisfaction des princes de l'Europe, lorsque tout à conp l'Agamemnon de la ligue royale est forcé de partir en fiacre, laissant la France fièrement coiffée du bonnet phrygien et armée du droit commun vainqueur du privilége.

D. Aucune espèce de privilége n'est donc viable désormais?

R. Aucune. Le privilége ochlocratique est aussi impossible que le privilége bourgeois et le privilége aristocratique. Si savoir peu, ne posséder d'autre propriété que ses bras constituait un droit spécial à vivre aux dépens de ceux qui savent plus, travaillent avec des instruments qui leur appartiennent et amassent une épargne pour eux et pour leurs enfants, on comprend qu'un tel privilége serait trop à la portée de tout le monde pour que tout le monde n'en profitât point. Alors le droit commun pourrait se formuler ainsi : « Ne rien étudier, ne rien faire au delà des plus indispensables nécessités de la vie; procréer au gré de la passion brutale des enfants pour les jeter à la charge de la communauté; en un mot, employer tous les moyens de gouvernement à tuer la dignité individuelle et à opprimer au profit d'une égalité artificielle la liberté, *le moi,* qui fait la responsabilité de l'homme devant ses frères et devant la Providence. » Non , un ordre social si diamétralement contraire à la destination de l'humanité ne sera pas la conséquence du rétablissement de la république dans cette France, dont trois millions de fils sont morts pour la sainte cause du progrès.

D. Que faut-il entendre par ce mot progrès, si souvent usité de nos jours?

R. Il faut entendre par progrès la domination de plus en plus douce et modérée, et pourtant de plus en plus complète, en nous des instincts, hors de nous de la matière par l'intelligence,

D. Le progrès résulte-t-il nécessairement de l'application du droit à l'exclusion de tout privilége pour ou contre la minorité ?

R. Nécessairement ; mais il est impossible de déterminer à l'avance dans quelle mesure ; on peut seulement affirmer que tant vaudra la raison publique, tant vaudra la république, le droit n'étant autre chose que la raison appuyée du consentement des hommes de la génération présente.

D. N'est-il donc pas un droit absolu, antérieur et supérieur à toutes les conventions gouvernementales ?

R. Sans doute, ce droit existe comme existent le beau, le vrai, le juste absolus, qui résident dans ce Dieu unique et multiple, visible et invisible, tangible et intangible, que l'humanité sent partout sans pouvoir le saisir nulle part, qu'elle envisage toujours sans le reconnaître jamais complétement. Il n'en est pas moins certain que dans la pratique le droit ne saurait être que ce qui est dans la raison de la majorité présente, à laquelle chacun doit obéissance sous bénéfice d'appel à la raison de la majorité future.

D. Ce droit d'appel n'est-il pas l'essence même de la liberté ?

R. Oui, à la condition qu'il s'exerce sans entraves, de la part de la majorité ; sans violence, ou sans provocation à la violence, de la part de la minorité.

D. Maintenant, quelles sont les divisions principales d'une constitution rationnellement tracée ?

R. Ces divisions sont au nombre de cinq. La première comprend le droit social ; la deuxième, le droit politique, qui est la garantie du droit social ; la troisième, les formes du gouvernement, c'est-à-dire de l'action nationale ; la quatrième, le droit administratif ; et la cinquième, le droit judiciaire, droits dans lesquels se résument les moyens d'exécution de la volonté de tous légalement formulée.

Droit social.

D. Définissez le droit social ?

R. C'est le droit qui résulte pour tout homme de sa qualité de membre de l'espèce humaine, sans acception d'origine, de race, de couleur de la peau, sans égard à la fortune, au savoir, à la capacité, aux fonctions occupées, aux services rendus.

D. On a souvent affirmé l'existence d'un tel droit, jamais on ne l'a démontrée. Peut-on la prouver par des raisons non exclusivement tirées du sentiment ?

R. L'existence du droit social se prouve par la nature et la destination de l'homme.

D. Quelles sont cette nature et cette destination?

R. La nature de l'homme est divine; sa destination est de dompter, de féconder, d'embellir le globe, de manière à le rendre la digne habitation de l'homme qui est Dieu dans les limites terrestres.

D. Comment faire accepter une définition si opposée aux préjugés populaires, aux croyances générales?

R. Comme on a fait accepter toutes les autres vérités : par un raisonnement calme et simple.

D. Alors, qu'est-ce que Dieu ?

R. L'univers ne peut marcher que par des lois; des lois ne peuvent résulter que de l'intelligence : donc, Dieu est l'intelligence. La plus visible, la plus incontestable des lois universelles est que la vie demeure inséparable du mouvement. Dieu est, donc Dieu agit. Des systèmes solaires roulent innumérables sur nos têtes, sous nos pieds, sur nos flancs; on voit des astres s'allumer, d'autres s'éteindre, la création n'a point de limite, point d'arrêt, Dieu travaille, invente toujours; son regard surveille partout les écarts de la matière, son doigt les réprime partout, car, dans le ciel comme ailleurs, il y a des scandales et des révoltes qui appellent incessamment le frein de la loi. Arimane, les Titans de la fable, notre Satan, sont des personnifications de ces résistances à la loi, résistances qui font la gloire et l'utilité de Dieu. A quoi servirait, en effet, l'intelligence si elle n'avait à se débrouiller de la matière pour la diriger, la modifier, l'embellir? Dieu est l'intelligence infinie, créatrice et dominatrice de la matière infinie sous des formes infinies. Donc, l'homme étant l'intelligence créatrice des instruments qui dominent la matière dans les limites et les formes de ce monde, l'homme est Dieu dans des proportions mesurées aux résistances que l'humanité est appelée à surmonter.

D. Est-il logique de conclure d'une similitude, bornée à quelques points, à l'identité de l'intelligence divine et de l'intelligence humaine?

R. Parfaitement logique, l'identité étant ici dans l'essence, non dans la forme, non dans l'intensité d'action. L'or mêlé au minerai le plus grossier, le plus immonde, est identique dans son essence à l'or pur dégagé par le creuset.

D. Si l'homme est Dieu dans les proportions terrestres, pourquoi ant de crimes, de misères, de faiblesses, de fatigues ?

R. Parce que le mérite est dans la lutte. L'homme est d'ailleurs armé de toutes les forces nécessaires au triomphe du juste sur l'injuste, de l'intelligence sur la matière. Erreurs religieuses et philosophiques, prestiges du hasard et du privilége, tremblements de terre, éruptions volcaniques, déluges, l'homme a tout combattu, et si partout son triomphe n'a pas été complet, partout la victoire lui est restée. Il est roi, il est maître de la plaine, de la montagne, du désert, de l'oasis, et du feu, et du combustible, et des métaux enfouis dans les entrailles du globe. Lui aussi il dit à la mer : « Tu n'iras pas plus loin; » et lui jetant sur le dos des navires, il la soumet au frein et à l'éperon comme un coursier écumant. Tout pour l'homme est le prix d'un labeur opiniâtre; mais dans les cieux, parmi les mondes visibles et invisibles, sous sa forme la plus éthérée, Dieu travaille toujours et nécessairement, ayant à maintenir l'ordre dans le mouvement, c'est-à-dire dans la vie. Pourquoi donc se plaindre ou s'étonner qu'il se soumette à la loi universelle du travail, lorsqu'il daigne revêtir la forme humaine ?

D. Entre les membres d'une même nation, l'égalité doit donc être absolue, puisque, par essence, ils sont tous égaux, indépendamment du mérite et de tous les accidents personnels ?

R. Oui, l'égalité est absolue dans le droit social, ce droit résultant des attributs généraux de l'humanité, et le plus ou le moins étant de considération secondaire devant l'identité manifeste d'organisation qui fait l'unité de l'espèce humaine.

D. Quels sont les attributs généraux de l'humanité ?

R. Ils sont au nombre de cinq : la parole, la perfectibilité des générations présentes par les travaux et les souvenirs des générations passées, la science du feu qui dompte le globe et livre ce géant à nos petites mains, le don de créer les instruments qui multiplient les forces dans des proportions dont on ne saurait assigner les limites, enfin l'impossibilité de dégénérer en produisant des hybrides par un mélange avec d'autres espèces.

D. Ce dernier attribut n'est-il pas une preuve matérielle, irréfragable de l'unité de l'espèce ?

R. Évidemment. Si les races humaines constituaient des espèces, le croisement donnerait des hybrides qui, selon la loi universelle, inflexible de la procréation, seraient impuissants à se reproduire. Or le croisement des races humaines donne toujours des êtres prolifiques et doués des cinq grands attributs de l'humanité.

D. N'y a-t-il pas une race supérieure aux autres ?

R. La race blanche ou caucasienne est douée de la faculté du progrès à un degré supérieur. Partout où elle est en contact avec les autres races, c'est elle qui commande. De là toutefois il n'est pas permis de conclure à une inégalité dans le droit social, qui est un droit d'espèce et non de race. Tout ce qu'on doit inférer de la supériorité de la race blanche, c'est la nécessité de ramener par le croisement l'espèce à l'unité de race.

D. Que gagnerait l'espèce à l'établissement de l'unité de race?

R. D'abord d'effacer des différences qui, bien que secondaires, ne sont pas sans influence sur le sentiment de la fraternité; en second lieu, de favoriser le développement de l'égalité intellectuelle; enfin, de mettre partout d'accord la beauté du corps avec celle de l'esprit.

D. La beauté n'est donc point arbitraire?

R. Non. La race caucasienne étant le type de la puissance intellectuelle, puisqu'elle possède au-dessus de toutes les autres races le don du progrès, est nécessairement le type de la beauté corporelle, la raison enseignant que la Providence ne peut vouloir séparer ce qui doit être uni pour composer la perfection humaine.

D. L'homme n'a donc pas le droit de négliger son corps et d'en faire pour ses frères un objet de dégoût ou de repoussement?

R. La dignité personnelle étant la base du droit social, la malpropreté et l'inculture physiques sont, comme la malpropreté et l'inculture morales, des délits punissables par la loi.

D. Donnez la formule du droit social en motivant chaque article.

Formule du Droit social.

R. La vie en société étant d'obligation providentielle par la raison décisive que la vie a pour but le développement de l'intelligence, et que l'intelligence collective est plus puissante que l'intelligence individuelle, il n'est point de droit, soi-disant naturel ou politique, supérieur au droit social.

Article 1ᵉʳ. « Le droit social est l'essence dont tous les autres droits ne sont que des émanations ou des formes. »

L'être complet étant celui-là seul qui peut se reproduire, l'être humain est l'homme uni à la femme. De là ces conséquences que la promiscuité est un outrage à la pudeur, à la dignité des sexes, une cause d'abaissement pour l'intelligence sous le rapport moral, et que tout vœu extérieur de célibat est un délit contre la loi providentielle.

Article 2. « La monogamie et la perpétuité du mariage, sauf dissolution pour démérite légalement constaté de l'un des époux, sont seules de droit social.

» Tout vœu extérieur de célibat, même pour un temps limité, étant une mutilation de l'unité humaine, entraîne la déchéance du contractant dans une mesure qu'il appartient au droit politique de déterminer. »

L'union seule des corps constituant un acte d'où aucun droit moral ne saurait résulter, le mariage comporte nécessairement d'abord l'égalité entre époux, puis l'obligation de nourrir, d'élever, de diriger ses enfants sous la haute surveillance de l'État, car c'est par là seulement que le mariage devient un acte d'intelligence, de dévouement mutuel et de moralité.

Article 3. « La communauté pour apports actuels et futurs, comme pour acquêts et conquêts, est de droit entre époux, sans réserves légales pour les ascendants, les époux, au cas de décès sans postérité, étant héritiers naturels l'un de l'autre.

» Il ne peut être dérogé à cette prescription que par acte postérieur au mariage et dans la mesure marquée par un jugement *ad hoc*, rendu par les tribunaux compétents.

» Les pères et les mères ont le devoir de pourvoir à l'entretien et à l'éducation de leurs enfants ; au cas d'insuffisance de ressources dûment constatée par un jury communal, l'État leur vient en aide. »

De la nature du mariage, des obligations dérivant virtuellement de la paternité et des rapports d'intérêt des deux époux entre eux, résulte la propriété particulière, sans laquelle la famille particulière ne saurait exister. On parle, il est vrai, de rejeter les charges de la paternité sur la communauté, et de supprimer la propriété et la famille particulières comme formant des obstacles dirimants à l'égalité. Sans s'arrêter au vice économique d'une combinaison qui, en tuant toute liberté individuelle, porterait atteinte à la fortune publique non moins qu'à la morale publique, affranchir les hommes des joies, des soucis, des malheurs même de la responsabilité paternelle, et éteindre les mouvements que fait naître le désir d'acquérir, de conserver, de donner à ceux que l'on préfère, ce serait la mutilation de tout un ordre de sentiments et d'idées qu'on doit diriger, épurer sans cesse, mais qu'il n'est pas permis de supprimer. Dieu commande à tout, modifie tout, il ne supprime rien, pas même Satan. Les vices de l'esprit de famille et de propriété ne concluent pas plus à la suppression de la famille et de la propriété particulières que les hontes du libertinage ne concluent à la castration. Prétendre à produire la vertu par l'impuissance est des pétitions de principes la plus ridicule là où elle n'est pas la plus odieuse,

Article 4. « La propriété est corporelle et incorporelle. Le travail personnel et direct constitue la propriété corporelle; tout objet, toute valeur qui, n'étant pas en nous-mêmes, produit soit un revenu, soit une utilité, soit un agrément pour la vie, constitue une propriété incorporelle. Les deux espèces de propriété se mêlant, se confondant nécessairement, quoiqu'à des degrés divers, toute propriété est inviolable, sans distinction d'origine ou de nature. »

L'État, c'est-à-dire la puissance de l'association générale, étant cause et effet de la famille et de la propriété, le droit de l'État sur la famille et la propriété est et demeure à jamais éminent.

Article 5. « L'exercice du droit de paternité et de celui de propriété est soumis à la direction et à la surveillance de l'État, qui peut lui imposer les charges et restrictions commandées par l'intérêt général, sans pouvoir toutefois attaquer ces droits dans leur essence. »

La famille et la propriété étant des éléments sociaux et non des éléments politiques, les modes d'acquisition, de transmission, d'usage de la propriété sont de droit social, et ne peuvent se plier à aucune combinaison admettant le plus ou le moins.

Article 6. « Pour toute espèce de propriété, l'héritage par droit du sang s'arrête là où s'arrête l'obligation réciproque de se fournir des aliments; cette obligation s'étend jusqu'au degré avonculaire inclusivement.

» Pour toute espèce de propriété, possession vaut titre jusqu'à production de titre contraire. »

Le droit social ayant pour objet d'assurer une existence digne à tous les membres de la société, quelle que soit leur capacité relative, et la famille et la propriété étant instituées providentiellement pour remplir cet objet, tout homme a droit d'obtenir en travaillant des moyens de vivre et de s'instruire, en un mot d'entretenir son corps dans un état de santé et de propreté, et son intelligence dans une situation qui ne l'exclue pas des bénéfices généraux du progrès.

Article 7. « La société est tenue d'assurer à tout homme, en retour d'un travail qui n'ait rien d'excessif ni d'abrutissant, des aliments sains et en quantité suffisante, un asile propre et salubre, un vêtement décent.

» La société est également tenue d'assurer l'existence des incapables en mesurant la situation qu'elle leur fait à leurs mérites, c'est-à-dire en ne traitant pas de la même manière l'infirme et le paresseux, le vicieux et l'infortuné. »

Immédiatement après la famille, la propriété et le droit d'existence qui viennent d'être définis, le droit social comprend l'éducation et l'instruction, le soin du corps n'étant qu'un moyen de servir l'intelligence, dont le développement est le but de la création.

La cause des inégalités artificielles qui ont fait le malheur du monde a résidé dans l'inégalité choquante de l'instruction bien plus que dans l'inégalité de fortune, inégalité secondaire en définitive, la fortune ne pouvant constituer le bonheur, qui, les premières nécessités de la vie satisfaites, réside dans la direction constante des passions par la raison. Le droit social défend donc absolument qu'une classe quelconque, par une combinaison quelconque, puisse s'emparer des bénéfices de la science, de toutes les propriétés la plus riche et si puissante, qu'avec celle-là ceux qui la possèdent exclusivement usurpent toujours sur la communauté. Il est physiquement impossible de donner à tous les hommes le même degré d'instruction, l'intelligence étant égale par essence, et les organes, instruments de l'intelligence, étant inégaux; mais il n'est pas permis de préjuger une inégalité qui peut varier d'un moment à l'autre suivant les phases de l'enfance. L'égalité d'instruction primaire est donc de droit social, de même que la faculté d'emporter au concours l'avantage de recevoir, aux frais de la société, l'instruction secondaire et supérieure si l'on appartient à une famille destituée du moyen de les donner elle-même.

Article 8. « L'instruction primaire est obligatoire; elle est identique pour les fils de tous les citoyens; la même identité doit régner dans l'instruction primaire donnée aux filles; les parents peuvent se dispenser d'envoyer leurs filles aux écoles publiques, sous la condition d'administrer la preuve qu'ils leur donnent l'enseignement obligatoire et de les soumettre à des examens déterminés par la loi; la fréquentation des écoles publiques est de rigueur pour les garçons. »

Article 9. « A la suite des cours d'instruction primaire, un concours est ouvert entre les élèves dépourvus de fortune; une bourse pour entrer dans les lycées est accordée au plus méritant sur dix. »

Article 10. « L'instruction religieuse est absolument distincte de l'instruction laïque.

» Conformément à l'article 2 du droit social, ceux et celles qui ont fait vœu extérieur de célibat, même pour un temps limité, ou se sont liés par serment à une hiérarchie ayant un chef étranger ou imposant à ses membres des obligations en dehors du droit commun national, sont exclus de l'enseignement laïque. »

La société a l'obligation de maintenir son droit et de défendre son indépendance contre toute attaque intérieure ou extérieure; la soumission aux décisions de la majorité n'est digne qu'autant que la majorité s'est formée au grand jour et que tout citoyen a la faculté d'en appeler de la majorité présente à la majorité à venir; de là les trois principes suivants :

Article 11. « La majorité pouvant seule légitimement exiger l'obéissance de tous à sa volonté, un gouvernement élu directement à courtes périodes par la majorité, et responsable devant elle ou devant des juges par elle à l'avance institués, est de droit social, nonobstant toute convention contraire passée avec une famille, ou tout privilége concédé à une ou à plusieurs classes politiques. »

Article 12. « Tout citoyen, se devant à la défense de la société, est tenu d'être armé, de connaître le maniement des armes et de déférer aux commandements légaux des autorités instituées pour la défense nationale au dedans et au dehors. »

Article 13. « La discussion sans violence physique, sans provocation à cette espèce de violence et sans rassemblements de nature à menacer par leur nombre la paix sociale, est libre sur toutes matières, sans exception des matières religieuses, l'homme n'étant souverain absolu que dans le for intérieur de sa conscience, et tout acte extérieur tombant sous la critique publique et, s'il y a lieu, sous la juridiction publique. »

D. Ne contestera-t-on pas ce principe, que l'intelligence collective est plus puissante que l'intelligence individuelle ?

R. Si l'on veut contester ce principe, il faut d'abord prouver que les intelligences individuelles se sont formées indépendamment de la société, puis, lui ont imposé des idées et une volonté qui n'étaient pas les siennes.

D. Cependant cette intelligence collective, déclarée plus puissante que l'intelligence individuelle, n'aurait ni découvert l'attraction, ni tracé la mécanique céleste, ni enfanté Tartuffe.

R. C'est prendre la partie pour le tout ; en second lieu, c'est méconnaître une vérité évidente comme la lumière, savoir, que les découvertes et les chefs-d'œuvre ne naissent que lorsque la société a longtemps dirigé vers ces objets une pensée à laquelle le génie, s'aidant du travail de tous, donne une formule précise.

D. N'est-il pas des réformateurs politiques dont l'intelligence est plus puissante que celle de toute une nation ?

R. Les sociétés tendent au droit social comme les rivières aux fleuves, comme les fleuves à la mer. Lorsqu'un homme se présente armé d'une formule favorisant la tendance vers le droit social, il est la personnification d'un sentiment général, d'un besoin mal défini encore, mais qui résulte invinciblement du mouvement des intelligences. La formule est souvent de premier abord repoussée des masses qu'effarouche toute nouveauté, car le plus fort des instincts est l'habitude, mais inévitablement cette formule est adoptée quand elle est juste, puisqu'elle ne dit que ce qui est au fond de l'intelligence des masses.

D. Citez les exemples.

R. Pierre 1ᵉʳ a violenté les Russes pour les arracher au joug des boyards, non que ce joug leur fût cher, mais parce que les méthodes données pour y échapper, venant du dehors, excitaient la défiance, soulevaient l'amour-propre national. Néanmoins ces méthodes ont réussi, parce que, selon l'intelligence des masses, le despotisme d'un seul est préférable à celui d'une aristocratie. Pour le peuple russe, le czar n'est pas un homme; il est une volonté providentielle qui, d'accord avec la volonté du peuple, achemine la nation vers la liberté et le droit social. Le dévouement à une autorité centrale et unique est là un acte d'intelligence bien supérieure à l'intelligence qui dirige cette autorité, la plupart du temps capricieuse et sanguinaire.

En France ce ne sont pas les rois, c'est l'unité de pouvoir qui mène invinciblement au droit commun que le peuple a aimé, servi, protégé contre le privilége et le fractionnement aristocratiques. L'intelligence collective, quoique moins nette dans sa forme, moins élégante dans ses actes, a été si évidemment supérieure à l'intelligence qui se déclarait souveraine, que l'une a toujours gagné, l'autre toujours perdu, et qu'enfin celle-ci a été précipitée du trône dans la personne du plus grand des hommes, pour n'y remonter un moment que boiteuse et appuyée sur le mensonge et la peur.

D. Napoléon serait-il donc tombé pour avoir été inférieur en intelligence au peuple français?

R. Les actes de l'empereur se divisent en deux séries. Ceux de la première comprennent la formule et la coordination de toutes les idées nationales exprimées par la Constituante, la Législative et la Convention; ceux de la seconde, les combinaisons d'une intelligence s'isolant dans l'orgueil du succès et de la puissance, ne cherchant plus la formule de la pensée nationale, mais voulant substituer sa pensée propre à celle de tous. Ce n'est pas le peuple qui a abandonné Napoléon, c'est Napoléon qui, pour s'appuyer d'une main sur son épée, de l'autre sur une aristocratie sans racines, s'est écarté du peuple dont, malgré cette faute, l'admiration brûle éternelle sur son tombeau.

D. L'ambition d'un homme politique doit donc être, non d'imposer sa pensée et sa volonté à la nation, mais de trouver la formule la plus exacte, la plus nette de la pensée et de la volonté nationales?

R. Au delà de cette limite il n'y a qu'erreurs et précipices.

D. Pourquoi, dans le droit social, le droit d'association n'est-il pas compris?

R. S'il s'agit de l'association générale, elle existe de fait et le mot société l'exprime; s'il s'agit d'association politique, c'est un acte à régler par le droit politique; s'il s'agit d'association industrielle, c'est dans le droit administratif que le principe doit en être formulé.

D. Pourquoi le droit social est-il muet sur la forme de l'impôt?

R. L'application du droit éminent de l'État sur la famille et la propriété dépend de circonstances qui peuvent être modifiées par les formes du gouvernement, par les combinaisons administratives, par les relations extérieures; c'est donc ce droit seul qui est social, c'est-à-dire supérieur à toutes les conventions constitutionnelles.

Droit politique.

D. Quel est le but du droit politique?

R. De poser les principes des garanties légales à donner au droit social.

D. Indiquez les objets compris dans le droit politique.

R. D'abord la définition de la loi. C'est de l'absence de cette définition nette et précise que sont nés partout la tyrannie ou le privilége.

D. Qu'est-ce que la loi?

Article 14. « La loi est la formule de la pensée et de la volonté de la génération présente; toute loi non formellement confirmée est prescrite après 30 ans. »

Article 15. « La loi n'est obligatoire qu'autant qu'elle a été rendue ou expressément sanctionnée par une assemblée de représentants du peuple élus directement par tous les citoyens majeurs, la représentation étant au *minimum* d'un membre pour 70,000 habitants. »

D. L'égalité des citoyens devant la loi est de droit social, par conséquent elle ne doit pas être fraudée sous prétexte de diplômes et de capacités spéciales. Comment parer au double danger d'ouvrir à des incapables l'accès des emplois publics et de certaines fonctions sociales ayant action sur la santé des citoyens, la validité des transactions, la sécurité de la famille et de la propriété, ou de créer un privilége en faveur de ceux qui, favorisés par la fortune, ont pu se livrer à des études inabordables pour la majorité, dont le temps est employé à pourvoir aux besoins journaliers de l'existence?

R. Le droit social établissant l'identité d'instruction primaire pour tous les citoyens, en réservant, à raison de 1 sur 10, aux plus capables

parmi les enfants sans fortune la faculté de recevoir l'instruction secondaire et même l'instruction supérieure aux frais de l'État, il est
obvié d'une manière suffisante au double danger qui vient d'être si-
gnalé. Toutefois, le droit politique doit poser une limite prévenant
autant que possible les écarts dans lesquels la loi peut être entraînée
par l'orgueil scientifique ou l'esprit professionnel.

Article 16. « Les citoyens sont égaux devant la loi, quelles que soient
leur capacité personnelle, leur origine, leur race, leur fortune, leur
instruction. »

Article 17. « Tous les citoyens sont admissibles aux emplois publics
et aux fonctions sociales exigeant un diplôme, s'ils font la preuve de la
capacité nécessaire pour l'exercice de ces emplois et professions.

» Parmi les conditions de capacité ne pourront être rangées ni la connaissance des langues mortes, ni celle d'aucun degré d'une science quelconque non indispensable dans la pratique. »

D. Le droit ayant pour objet d'établir la fraternité parmi les citoyens, d'effacer tout esprit de classes et de donner en même temps
au peuple une organisation qui lui puisse servir dans la paix et dans
la guerre, où le droit politique prend-il la base de cette organisation?

R. Naturellement dans la garde nationale. C'est de la légion que
doivent sortir, c'est dans la légion que doivent revenir l'électeur, le
représentant, le juré, le fonctionnaire, le soldat, le savant, le prêtre,
le propriétaire, l'industriel, le laboureur. Et comme chez un peuple
libre toutes les positions doivent être claires, franches, exemptes d'ar-
tifice, tout garde national reçoit une cédule qui devient son passe-port
et son livret à l'intérieur. Par cette uniformité, l'ordre matériel et
l'ordre moral sont sauvegardés sans blesser aucune susceptibilité.

Voici une série d'articles qui, après ce qui a été dit, n'a pas besoin
de commentaires.

Article 18. « De l'âge de 18 ans jusqu'à la mort, tout citoyen est
inscrit sur les contrôles de la garde nationale qui forment l'état civique
de la nation.

» Les exemptions de service ne peuvent être accordées que pour cause
d'âge, d'empêchements physiques et d'incompatibilités du service avec
certaines fonctions publiques ou sociales.

Article 19. « Tout garde national reçoit une cédule annuelle indiquant
son nom, son âge, sa profession, son signalement, la commune à laquelle il appartient; ladite cédule lui servant de passe-port et de livret à
l'intérieur. Le système de la cédule sera étendu aux garçons âgés de
plus de 16 ans, et, à partir de cet âge, aux filles et femmes vivant hors
micile paternel ou conjugal. »

2

Article 20. « Tout garde national âgé de 21 ans est électeur dans la commune où il réside depuis six mois.

» Si la forme du gouvernement comporte deux assemblées, l'une des deux au moins sera le produit du suffrage direct, et à celle-là une prépondérance décisive sinon immédiate sera attribuée sur l'autre. »

Article 21. « L'intervention des jurés comme juges suprêmes du fait est de rigueur dans le jugement de tout délit politique ou de presse, de tout procès en diffamation et de toute cause criminelle.

» Les jurés sont nommés par les gardes nationaux majeurs, à raison de 1 sur 10 gardes nationaux inscrits et remplissant la condition d'âge.

» La liste est formée pour trois; les jurés de jugement sont tirés au sort sur cette liste. »

Article 22. « La force armée réside dans la garde nationale, qui se divise en sédentaire de réserve, en sédentaire active, en mobile de réserve, en mobile active et en armée de ligne. »

Article 23. « La garde nationale sédentaire élit directement tous ses chefs, à l'exception des commandants supérieurs et des chefs d'état-major, dont la nomination est attribuée au pouvoir exécutif. »

Article 24. « La garde nationale mobile active élit ses caporaux, sergents, sous-lieutenants et lieutenants; les fourriers, sergents-majors, adjudants sous-officiers, adjudants-majors, capitaines et chefs de bataillon sont nommés par le pouvoir exécutif dans la forme et selon les conditions déterminées par la loi. »

Article 25. « L'armée de ligne se recrute dans la garde nationale par la voie du sort et par engagement volontaire.

» Hors le temps de guerre, la durée du service sous le drapeau ne peut excéder cinq ans, et celle du service dans la réserve trois ans.

» Ce principe est applicable aux armées de terre et de mer. »

Article 26. « Nul ne peut se faire remplacer dans les armées s'il n'a servi personnellement au moins pendant dix-huit mois et obtenu de ses chefs une attestation que son instruction militaire est satisfaisante.

» Tout remplacé prend, soit dans la garde nationale sédentaire, soit dans la mobile, soit dans la réserve de ligne, les obligations de son remplaçant. »

Article 27. « Les grades dans les armées de terre et de mer sont conférés par le pouvoir exécutif, sous les conditions déterminées par la loi.

» Ces grades, à partir de celui de sergent, constituent une propriété dont le titulaire ne peut être privé que par un jugement contradictoire et public avec assistance d'un défenseur pour l'inculpé. »

D. L'ordre des idées amène ici le règlement de droits d'une haute importance. Le droit d'association politique et d'association religieuse, enfin le droit de publier sa pensée par tous les moyens connus ou à connaître, s'ont-ils illimités ?

R. Il n'est point de droit illimité. Le droit le plus social, celui de l'union des sexes qui composent l'être humain, est limité par la monogamie et par l'obligation d'élever ses propres enfants, obligation dont l'homme ne peut s'affranchir sans mutiler en lui tout un ordre de sentiments et d'idées. Le droit de la famille est limité par le droit éminent de l'État, institué pour empêcher que le faisceau social ne se rompe par l'effet du caprice individuel, la liberté n'emportant pas le privilége de nuire à la communauté sous prétexte d'intérêt particulier ou de passion particulière. Le droit de propriété est de même limité par le droit éminent de l'État, qui, ayant le devoir de veiller à la sûreté et à l'intérêt de tous, est toujours et virtuellement autorisé à exiger de chacun une part contributive aux sacrifices nécessités par l'accomplissement de ce devoir et à s'opposer par tous les moyens légaux à ce que la propriété devienne improductive ou seulement diminue de valeur par les combinaisons qualifiées substitution et main-morte. Le droit d'association politique est limité par le devoir de ne pas affecter des formes menaçant la société de violence physique organisée, et le droit d'association religieuse par le devoir de ne constituer aucune société ayant des règles soi-disant supérieures ou seulement égales à celles du droit commun laïque, l'État étant un et ne pouvant souffrir de rivalité de puissance dans le domaine des actes extérieurs. Quant au droit de publier sa pensée, il est limité d'abord par le droit de chacun de murer sa vie privée, si ce n'est au cas de sollicitation ou d'occupation d'emploi public, ou d'investigation ordonnée par la justice dans les formes déterminées par la loi. Il l'est encore par le droit éminent de l'État de connaître l'auteur ou les auteurs de toute diffamation soit contre les particuliers, soit contre les fonctionnaires, de toute provocation à la révolte, à la violence physique contre la majorité souveraine ; enfin il l'est par le devoir, imposé au gouvernement chargé de la direction de la défense nationale, de punir quiconque en cas de guerre publie des nouvelles de nature à déconcerter le courage des citoyens, à dévoiler le secret des opérations et à favoriser par là les plans de l'ennemi.

D. N'est-il pas à craindre qu'en limitant les droits d'association et de presse on ne retombe dans les abus des anciens régimes, et que, sous couleur de réglementation, on n'arrive à l'oppression, sinon à la suppression de ces droits ?

R. A cela il y a une impossibilité palpable. Sous les anciens régimes, les principes étaient toujours appliqués par une minorité qui les expliquait à son profit. Désormais l'application aura lieu par la majorité réelle.

2.

D. La majorité ne peut-elle opprimer la minorité?

R. La majorité ne peut devenir oppressive que si elle est dirigée
par un corps aristocratique ou théocratique, dont il est·interdit de
discuter le droit, les doctrines et l'autorité. L'oppression est impossible sous la liberté de discussion de toute matière sociale, politique,
religieuse, civile et judiciaire, parce que la vérité et la liberté sortent
toujours de la discussion sans entraves. D'ailleurs incessamment pous-
sée par le flot montant des générations, la majorité démocratique ne
saurait s'opiniâtrer dans aucun faux système, la lumière et le progrès
s'épandant sur le monde à mesure que l'avenir ouvre en la secouant
sa robe de ténèbres visibles.

D. Par conséquence de l'article 2, l'article 10 ᵈu droit social
exclut du droit de donner l'enseignement laïque ⸱   x et celles qui
sont liés par des vœux extérieurs de célibat mᶜ⸱⸱ pour un temps
limité, ou sont engagés par serment dans une hiérarchie ayant un chef
étranger ou imposant à ses membres des obligations en dehors du
droit commun national. Par conséquence à ces deux articles, les
citoyens placés dans cette catégorie doivent être exclus de l'électorat,
du jury, de la représentation nationale et de toute fonction publique
rétribuée ou non rétribuée par l'État. N'est-ce point là une rigueur
logique qui touche à l'excès ?

R. Le citoyen qui se mutile pour se soustraire à un devoir envers
l'État est justement privé de ses droits politiques. Celui qui contracte
une obligation de service envers une puissance étrangère est privé de
ses droits d'indigénat, s'il n'a, au préalable, obtenu l'autorisation de
l'État ; et s'il a obtenu cette autorisation, l'exercice de ses droits est
suspendu durant tout le temps qu'il est lié par un devoir public non
exclusivement national. Pourquoi le prêtre échapperait-il à une inter-
diction qu'il a encourue et dont il demeure libre de se relever en ren-
trant dans le droit commun, d'où il est sorti de son propre mouvement?
La famille étant l'élément social, celui et celle qui, par un vœu extérieur, car, encore une fois, on ne doit compte que des actes extérieurs,
s'interdisent la paternité et la maternité se placent dans une exception
au droit social et doivent subir les conséquences de cette exception.
Laisser le droit d'élever ceux qui doivent perpétuer la famille à ceux
qui se sont expressément interdit la famille, c'est tout simplement une
absurdité. Laisser l'exercice du droit politique à qui est tenu à des
réserves contre la toute-puissance de l'État, à des distinctions qui ne
sauraient être nettement définies entre les devoirs spirituels et les de-

voirs temporels , c'est ouvrir la porte à la dissimulation , à la fraude ,
à l'intrigue, au jésuitisme en un mot.

D. Le droit de la conscience n'est donc pas non plus illimité ?

R. Dès qu'il se traduit en actes extérieurs et surtout en actes publics, il est limité, comme tout autre droit, par le droit éminent de
l'État, qui est la plus haute et la plus sûre expression de la raison nationale dans un pays démocratique.

D. Le clergé a des droits acquis par son passé ; peut-on les lui enlever ?

R. La féodalité, la monarchie héréditaire, les corporations ont argué
aussi de droits acquis par leur passé.

D. Ne dira-t-on que ce n'est là qu'un fait ?

R. Le fait, quand il est conforme à la raison générale , est le droit
politique , ce droit n'étant autre chose que ce qui est dans la raison
générale.

D. N'est-il pas un fait reconnu actuellement par la raison générale,
savoir que le principe chrétien a puissamment contribué au développement des sociétés ?

R. Oui.

D. Cependant le droit social et, par voie de conséquence, le droit
politique frappent de certaines exclusions ou incompatibilités les ministres du catholicisme, qui est l'expression la plus concentrée et la
plus active du christianisme.

R. Il arrive aux religions ce qui arrive à toutes les institutions ; on
prend ce qu'il y a de meilleur en elles, puis le reste est laissé en
arrière par l'intelligence qui toujours marche : le christianisme est
dépassé par la révélation de 1789.

D. Quelles sont les preuves de cette révélation ?

R. L'humanité compte quatre grands prophètes : Moïse, Jésus,
Mahomet, le peuple français.

Les Égyptiens cultivaient un polythéisme qui incarnait la divinité
dans les brutes ; Moïse, en arrachant les Hébreux à ce polythéisme pour
les attacher au culte d'un Dieu unique, créateur et régulateur de
l'univers, a posé la foi sur un inébranlable fondement ; mais en incorporant le gouvernement dans la religion et en séparant son peuple de
tous les peuples de la terre, Moïse a condamné les Hébreux à devenir
persécuteurs ou persécutés. La faiblesse numérique des compagnons
de Moïse, leur grossièreté intellectuelle et leur tendance à retourner
au culte des idoles ont contraint le prophète à commettre cette faute

politique, d'où est sorti le désastre de la nation hébraïque. Pour sauver la foi en Jéhova il a risqué tout le reste. ..

D. Le prophète nazaréen n'a-t-il pas réparé la faute inévitable peut-être dans laquelle était tombé Moïse?

R. Jésus a proclamé la fraternité parmi les hommes et brisé moralement toutes les barrières élevées entre les peuples par les croyances religieuses et les préjugés de race.

D. Ces barrières, les Romains ne les avaient-ils pas abattues?

R. Oui, mais le mérite de la formule chrétienne n'en est pas moins grand, car où les Romains ne cherchaient qu'un moyen de domination, Jésus a trouvé une raison de s'entr'aimer et de s'entr'aider. Ne faites à autrui que ce que vous voudriez qu'on vous fît à vous-même.

D. N'est-ce donc pas là la loi éternelle de la démocratie?

R. Sans doute; mais voici en quoi le christianisme est dépassé.

Jésus, sortant d'une race de vaincus et parlant en présence d'un vainqueur, fut obligé de déclarer que l'égalité n'appartenait qu'au royaume des cieux et de supprimer le mot liberté, qui ne se rencontre pas une seule fois dans sa doctrine. Par là, malgré la sublimité de sa morale, il eût tout perdu s'il n'eût séparé la religion de la politique en ordonnant de rendre à Dieu ce qui est à Dieu et à César ce qui est à César. Ainsi la loi sociale, politique et civile a pu se faire à côté de la loi religieuse et donner au monde la liberté, mère du progrès et de la vérité. On sait maintenant que l'égalité est praticable sur la terre, que les combinaisons sociales, sans supprimer la liberté individuelle, sans retrancher à l'homme aucun de ses élans, peuvent faire que la situation des moins riches parmi un peuple soit moralement digne et matériellement exempte de privations; que l'aide, l'association, le concours peuvent relever tout ce qu'abaissait l'aumône; que Dieu s'est incarné non dans un seul homme, mais dans tous les hommes; que le paradis terrestre est devant, non derrière nous, et que l'humanité et le monde marchent non vers une fin effroyable, mais vers une transfiguration glorieuse.

D. Mahomet n'a-t-il pas déclaré que l'égalité reléguée par Jésus dans le ciel était réalisable sur la terre?

R. Mahomet est un grand prophète. Il a délivré des millions d'hommes de l'idolâtrie; il s'est servi habilement de l'ambition, de l'amour des plaisirs physiques pour établir le culte du vrai Dieu; il a débarrassé la religion de l'attirail d'un clergé, déclaré tous les hommes égaux devant Dieu dans le ciel et devant la loi sur la terre. Mais en lui, comme en Moïse, le politique a ruiné le prophète. Mahomet s'est affranchi de l'esprit de race, mais il n'a reconnu l'égalité des droits qu'entre les sectateurs du Koran, livre immuable dicté par l'ange Gabriel et ne permettant aucune séparation entre la loi civile et la loi religieuse. De là les hontes, les défaites inévitables des sociétés musulmanes. Pour que le mahométisme triomphât, il eût fallu que le monde s'arrêtât, c'est-à-dire qu'il mourût, puisque la vie est dans le mouvement.

D. Quelle est la formule de la révélation faite au monde par le peuple français?

R. « L'espèce humaine est une ; le droit social étant un droit d'espèce et non de race, les hommes sont absolument égaux en droit social ; la loi ne peut créer d'inégalités artificielles entre les citoyens ; tout droit devant être d'accord avec la raison, aucun culte ne peut en droit être déclaré supérieur à la raison ; lorsqu'une convention légale est reconnue contraire à la raison générale, cette convention ne peut subsister sous le bénéfice de la prescription, parce qu'il n'y a pas de droit contre le droit ; tous les hommes étant égaux devant la loi et les croyances faisant partie intégrante de l'homme, toutes les religions sont égales devant la loi ; enfin l'expérience ayant démontré à l'évidence que la marche ascensionnelle de l'humanité est en raison de la déclinaison du privilége, le progrès vers l'égalité par la liberté est déclaré la loi des lois de ce monde. »

Le peuple français a fait pour l'Évangile ce que l'Évangile a fait pour l'Ancien Testament. L'Europe et l'Amérique le savent, et pour que l'Orient n'en ignore, les trompettes françaises sont allées sonner il y a cinquante ans cette grande nouvelle sur le mont Thabor et dans les rues de Nazareth.

D. Aucune religion d'État n'est donc possible désormais ?

R. Il en est une au contraire dont l'absence ruinerait tout : c'est le catholicisme de la raison qui admet toutes les religions dans son capitole, les épure au creuset de la discussion et les amène à se donner le baiser de paix dans le respect du droit social qui défend toute mutilation de l'humanité, et tout scindement de l'autorité, émanation de la volonté générale, qui est la volonté de Dieu même sur la terre.

Article 28. « Le droit de s'associer d'une manière permanente ou transitoire pour discuter, défendre, propager des opinions politiques, est déclaré inattaquable et imprescriptible dans les limites suivantes :

» Toute association est tenue de faire connaître à l'avance le lieu de ses réunions à l'autorité locale.

» Cette autorité aura, dans la réunion, une place réservée; ses procès-verbaux feront foi jusqu'à inscription de faux.

» Il est défendu de se réunir en armes.

» Aucune réunion de plus de trois mille personnes ne peut être tenue sans autorisation préalable.

» La loi prendra des mesures pour empêcher que cette disposition ne soit fraudée au moyen de la division des associés en sections. »

Article 29. « Le droit d'association religieuse s'exerce dans les mêmes limites et sous les mêmes conditions.

» Toutefois les réunions dans les édifices consacrés aux cultes ne sont point limitées quant au nombre. »

Article 30. « Tout citoyen a le droit de publier ses opinions par la presse ou par tout autre moyen, sous les conditions suivantes :

» Tout écrit, tout imprimé, toute peinture, lithographie, gravure, en un mot, toute expression publique de la pensée indiquera le nom de l'auteur ou de l'éditeur qui s'en rend responsable.

» Nulle censure directe ou indirecte ne pourra être établie.

» La diffamation envers l'autorité et les particuliers, et la provocation à l'emploi de la force matérielle contre le gouvernement ou contre les particuliers, et la propagation de faits ou nouvelles favorables à l'ennemi constituent les seuls délits de presse punissables par la loi.

» Aucune charge fiscale ne peut être imposée à l'émission de la pensée sous prétexte des besoins du trésor public ; le droit de poste de quatre centimes par feuille d'impression ne peut être augmenté. »

Article 31. « Les cultes n'étant que des moyens de publication et de propagation de la pensée ; les ministres des cultes sont soumis ; pour leurs prônes, prêches, sermons, discours et écrits, aux mêmes juridictions et aux mêmes pénalités que les autres citoyens. »

Article 32. « L'égalité et la liberté des cultes ne laissant à l'État aucune autorité spéciale sur les religions, dont l'exercice rentre dans le droit général des associations :

» Aucun culte n'est salarié directement ou indirectement par l'État.

» Nul citoyen ne peut être contraint de participer à l'entretien d'un culte quelconque.

» Tous les édifices attribués actuellement aux cultes sont déclarés propriétés communales. »

Article 33. « L'État ne pouvant admettre au bénéfice du droit commun les citoyens qui ne sont pas complétement enveloppés dans ce droit, sont et demeurent exclus de l'électorat de la représentation nationale, du jury et de tout emploi public les citoyens liés par un vœu extérieur de célibat ou affiliés à une hiérarchie ayant un chef étranger ou imposant à ses membres des obligations en dehors du droit commun national.

» En vertu d'une renonciation publique au vœu de célibat et d'une déclaration en forme légale de sortie des liens de la hiérarchie sus-énoncée, lesdits citoyens rentrent, après un an, dans la jouissance du droit commun. »

Article 34. « Aucune association, soit laïque, soit religieuse, ne peut posséder de propriété de main-morte.

» La loi prendra les dispositions les plus efficaces pour découvrir toute violation de cette prescription par *fidei-commis*, donations testamentaires ou autres.

» Les propriétés entachées de substitutions, de *fidei-commis* ou de donation en fraude de la loi, tomberont dans le domaine public comme biens sans propriétaire légitime. »

Article 35. « La confiscation est abolie, mais l'État est en droit de poursuivre en dommages-intérêts les auteurs et fauteurs de guerre civile ou de destruction des propriétés nationales ou communales. »

Article 36. « Nul citoyen ne peut être distrait de ses juges naturels.

» Nulle arrestation, hors le cas de flagrant délit, ne peut être pratiquée que selon les formes légales.

» La mise en liberté sous caution est de droit pour les accusés de délits politiques et de presse, et pour les accusés de délits communs n'entraînant pas la peine de plus de six mois d'emprisonnement.

» La loi réglera les conditions de la mise en liberté sous caution, de manière à ce qu'elle ne devienne pas un privilége pour les riches. »

Formes du Gouvernement.

De l'Assemblée nationale.

D. La nation étant une, n'est-il pas indispensable que la représentation nationale soit unique ?

R. La représentation doit résider dans une assemblée nationale composée de deux chambres, l'une dite des députés, l'autre des représentants; la première nommée par le suffrage universel indirect, la seconde élue par le suffrage universel direct.

D. Quels sont les avantages de cette combinaison ?

R. Un peuple vit dans deux ordres d'idées, de sentiments, d'intérêts; charger une seule chambre de réglementer ces deux ordres par un seul degré de discussion, c'est s'exposer à voir l'un ou l'autre sacrifié violemment. Avec une chambre unique les idées, les sentiments, les intérêts de famille ou de localité pourraient régner exclusivement pendant une ou plusieurs législatures et incliner la France vers un régime de matérialisme politique; au rebours, les idées, les sentiments, les intérêts généraux pourraient exercer une domination passionnée et compromettre la fortune publique, peut-être même la paix morale en brisant des résistances qui, pour être parfois exagérées, n'en ont pas moins le droit d'être entendues et de ne céder qu'après une discussion en règle. En établissant deux chambres avec des mandats qui, sans être absolument différents, ne sont pas identiques, on obvie, autant qu'il est permis à la prudence humaine, au danger des résolutions violentes et systématiques.

D. Ne s'expose-t-on pas à un autre péril, celui de scinder et de ralentir l'action de la volonté générale ?

R. Non, si l'on décide que la Chambre des députés nommée par le suffrage indirect ne pourra amender et rejeter qu'une fois une proposition acceptée par la Chambre des représentants. Non encore, si l'on décide que, dans les questions de paix, de guerre et de traités diplomatiques, le vote de la Chambre des représentants sera prépondérant s'il est rendu aux deux tiers des voix.

D. Alors on aura deux chambres inégales en considération et en crédit devant le peuple ?

R. Le sénat et la chambre des représentants de l'Union américaine ont des attributions différentes et marchent toutefois sur un pied parfait d'égalité morale. L'idée personnelle, la famille, la localité, bien qu'obligées de céder à l'idée générale, à l'association nationale, à l'unité du territoire, sont néanmoins respectées et dignes de respect. La Chambre des représentants sera l'organe plus direct de la souveraineté, la Chambre des députés l'organe plus direct des intérêts matériels ; mais, toutes deux émanant du peuple, toutes deux auront un caractère souverain. Comme signe de leur égalité devant le peuple, les Chambres dans les cérémonies publiques occuperont tour à tour le premier rang.

D. Ne dira-t-on pas que le mandat de représentant peut très-nettement comporter le devoir de faire prédominer l'idée générale, le sentiment général et l'intérêt général, tout en faisant la part de l'idée particulière, du sentiment de famille et de l'intérêt de localité ?

R. On l'a dit, on le répétera. Cependant il demeurera éternellement vrai que l'esprit humain résiste en général à cette dualité dans un même mandat. On a mêlé tantôt dans les personnes, tantôt dans les corporations le pouvoir temporel et le pouvoir spirituel, le pouvoir administratif et le pouvoir judiciaire, le pouvoir exécutif et le pouvoir législatif, en prétendant que le départ se ferait naturellement selon que le devoir appellerait l'homme ou la corporation vers une obligation différente et même opposée. Or, on sait que de là, durant des siècles et par tout pays, il n'est résulté que confusion, mensonge, oppression. L'épreuve a été faite d'une manière trop éclatante pour qu'il soit raisonnable de la recommencer.

D. Cependant la Constituante et la Convention, qui ont sauvé la France en l'organisant selon les principes de la révélation nouvelle, exerçaient un mandat général absolu, car devant la première de ces assemblées la royauté était comme si déjà elle n'était plus.

R. Il n'est pas permis de conclure d'une mission exceptionnelle et temporaire à une mission normale. N'est-il pas évident d'ailleurs que la réaction du 18 brumaire est née de l'immolation de l'idée individuelle, du sentiment de famille et de l'intérêt de localité plus encore que de la mauvaise gestion politique du Directoire?

D. Dites quelles seront les attributions et les formes des deux Chambres composant l'Assemblée nationale?

Article 37. « Le pouvoir législatif réside dans une assemblée nationale composée de deux chambres appelées l'une Chambre des représentants, l'autre Chambre des députés. »

» Dans les cérémonies publiques, les Chambres, comme signe de leur égalité, occupent tour à tour le premier rang. »

Article 38. « La Chambre des représentants est composée de 520 membres répartis entre les départements en raison de la population.

» Les représentants sont nommés par suffrage universel direct et par scrutin de liste pour chaque département, selon un mode à déterminer par la loi qui déterminera aussi l'époque des élections. »

Article 39. « La Chambre des députés est composée de 400 membres répartis entre les départements en raison de la population.

» Les députés sont nommés par suffrage universel indirect, selon un mode à déterminer par la loi.

» Le nombre des électeurs nommant les députés ne pourra être inférieur au trentième du nombre des gardes nationaux âgés de vingt et un ans. »

Article 40. « Tout électeur âgé de vingt et un ans, et non privé de ses droits politiques, est éligible dans les deux Chambres. »

Article 41. « Sont incompatibles avec le mandat de représentant toutes fonctions politiques, administratives, judiciaires et militaires salariées, à l'exception de celles de ministre, de sous-secrétaire et de conseiller d'État. »

Article 42. « Sont compatibles avec le mandat de député les fonctions politiques, administratives, judiciaires et militaires salariées, les fonctions de comptable exceptées.

» Toutefois, aucun fonctionnaire ne pourra être élu par le département ou les départements sur lesquels s'étendent ses fonctions, et les dépar tements ne pourront choisir qu'un tiers au plus de leurs députés parmi les fonctionnaires. »

Article 43. « Les représentants reçoivent, durant la session, une indemnité qui est égale pour les deux Chambres ; cette indemnité ne peut être cumulée avec aucun traitement, soit civil, soit militaire. »

Article 44. « La Chambre des représentants est nommée pour quatre ans ; elle se renouvelle intégralement. »

Article 45. « La Chambre des députés se renouvelle par quart chaque année. »

Article 46. « Les Chambres se réunissent chaque année le 30 novembre.

» Leur session est de six mois.

» Le pouvoir exécutif peut les convoquer en sessions extraordinaires. »

Article 47. « L'initiative des lois, décrets, propositions, appartient également aux deux Chambres. »

Article 48. « Lorsqu'une loi adoptée par la Chambre des représentants a été rejetée par la Chambre des députés, elle ne peut être représentée dans la même session. »

Article 49. « Si la Chambre des représentants adopte de nouveau cette loi dans les mêmes termes que la première fois, ou modifiée seulement par des amendements votés précédemment par la Chambre des députés, cette Chambre est tenue de l'enregistrer purement et simplement. »

Article 50. « Aucun traité avec l'étranger n'est exécutoire s'il n'a été adopté par l'Assemblée nationale.

» En cas de dissentiment entre les deux Chambres sur un acte diplomatique, le vote de celle des représentants sera prépondérant, s'il est rendu aux deux tiers des voix. »

Article 51. « Le droit de pétition individuelle et collective résultant du droit de discussion, il y aura, dans chaque Chambre, une commission chargée de rendre compte des pétitions et de requérir le renvoi devant les tribunaux des auteurs de celles qui seraient conçues en termes menaçants ou diffamatoires pour l'Assemblée nationale.

» Aucune pétition ne peut être présentée à la barre des Chambres ; elles seront adressées aux présidents de l'une ou de l'autre Chambre, et si un député ou un représentant se charge de déposer une pétition sur le bureau de la Chambre à laquelle il appartient, il aura le droit seulement d'en exposer brièvement les motifs. »

Article 52. « Les mesures prises, les lois décrétées par l'Assemblée nationale ne sont valables qu'autant que dans chacune des Chambres la moitié plus un des membres a participé au vote. »

Du Pouvoir exécutif.

D. De la division de l'Assemblée nationale en deux Chambres, n'est-il pas naturel de conclure qu'il faut se garder de remettre le pouvoir exécutif aux mains d'un seul, dont les passions pourraient engager le peuple dans des entreprises contraires au fond à la volonté générale?

R. Plusieurs pour le conseil, un seul pour l'action. Ceux qui se défient de ce principe sont sous l'influence de souvenirs inexacts. Un président sans initiative des lois, sans *veto,* même suspensif, car l'institution des deux Chambres a pour effet de rendre ce *veto* inutile; un président qui ne peut faire ni la paix, ni la guerre, ni rendre un traité exécutoire sans le consentement de l'une au moins des deux Chambres, n'est pas en mesure de violer la volonté du peuple dans les grands intérêts nationaux. S'il s'agit de se garantir contre la faveur dans la collation des grades et des emplois, les précautions sont plus faciles à prendre contre un président que contre un directoire. On rêve toujours de 18 brumaire, et l'on ne veut pas voir que ce qui a le plus facilité cet événement, c'est la division qui s'est introduite parmi les membres du pouvoir exécutif. Le peuple français est capable, oui ou non, d'élire et de diriger son gouvernement; s'il l'est, comment présumer que, armé du suffrage universel, du droit d'association et de discussion, il se laissera opprimer par un homme, quel qu'il soit? Le partage du pouvoir exécutif ne peut séduire que des ambitions vulgaires, effrayer que des esprits qui vivent parmi les fantômes du passé. La difficulté n'est plus de préserver l'Assemblée nationale de l'oppression d'un président de la République, elle est de construire la présidence de manière qu'un homme de courage et de talent ne soit pas empêché par d'inutiles entraves de rendre d'éminents services au peuple.

Article 53. « Le pouvoir exécutif de la République réside dans un président élu par le suffrage direct de tous les gardes nationaux majeurs et non interdits de leurs droits politiques.

» L'élection a lieu le 15 août; elle n'est valable que si un des candidats a réuni 2 millions au moins de suffrages.

» La durée du mandat présidentiel est de trois ans.

» Le président peut être réélu immédiatement pour un second terme; il n'est plus rééligible ensuite qu'après un intervalle de six ans.

» Pour être éligible à la présidence il faut être ou avoir été membre de l'une ou de l'autre Chambre composant l'Assemblée nationale.

» Le président entre en fonctions le 4 décembre de l'année où il a été élu. »

Article 54. « Le président est responsable pendant et après la durée de ses fonctions; il peut être arrêté et traduit devant le tribunal national suprême par décision de l'Assemblée nationale, les deux Chambres réunies et votant par tête à la tribune et à haute voix. »

Article 55. « Le président commande les forces de terre et de mer, mais il ne peut, sans l'autorisation préalable de l'Assemblée nationale, se mettre en temps de guerre à la tête d'une armée ou d'une flotte ; il propose à l'Assemblée nationale la paix et la guerre ; il négocie les traités de paix, d'alliance et de commerce ; il rend les ordonnances nécessaires à l'exécution des lois, toute ordonnance étant nulle et de nulle valeur, si elle est contraire aux lois ou en suspend l'exécution ; il nomme à tous les emplois civils, militaires et judiciaires, en se conformant aux lois et sous les restrictions stipulées en l'article suivant. »

Article 56. « Le président nomme et révoque à volonté les ministres, mais il ne peut les choisir que parmi les membres de l'Assemblée nationale.

» La nomination des ambassadeurs, ministres plénipotentiaires, ministres résidants, chargés d'affaires et consuls généraux de la République près les peuples étrangers est soumise à l'approbation de la Chambre des représentants ; celle des conseillers d'État est soumise à l'approbation de la Chambre des députés.

» Dans l'armée, aucun grade supérieur à celui de chef de bataillon ; dans la marine, aucun grade supérieur à celui de capitaine de frégate, ne peut être conféré par le président que sous l'approbation d'un comité nommé par la Chambre des représentants.

» Le président a droit d'en appeler à la Chambre des décisions de ce comité.

» La nomination des membres de la Cour des comptes est soumise à l'approbation de la Chambre des représentants.

» Le président nomme et révoque, sous sa responsabilité, les procureurs généraux et leurs substituts, les procureurs de la République et leurs substituts.

» Les juges de première instance, les juges d'appel et les juges de cassation sont nommés par le président, sauf approbation de la Chambre des représentants.

» Le président nomme et révoque, sous sa responsabilité, les commandants des brigades, divisions, corps d'armée et armées ; des divisions, escadres et flottes de la République.

» Dans l'intervalle des sessions, le président pourvoit aux besoins du service par des nominations *ad interim*, si les fonctions vacantes ne peuvent être conférées définitivement sans l'approbation de l'Assemblée nationale. »

Article 57. « A l'ouverture de chaque session ordinaire ou extraordinaire, le président adresse à l'Assemblée nationale un message portant exposition de la situation et des besoins de la République, en recommandant à la sollicitude de l'Assemblée les objets qu'il en juge le plus dignes.

» Dans le cours des sessions le président adresse, chaque fois qu'il le juge nécessaire, des messages, soit à l'Assemblée nationale, soit à l'une ou à l'autre Chambre, pour appeler leur attention sur les sujets qui lui paraissent urgents. »

Article 58. « Le président promulgue, au nom du peuple, les lois, décrets et décisions portés par l'Assemblée nationale, et il veille à leur exécution sous sa responsabilité personnelle. »

Article 59. « Dans le cas de mort, de démission ou d'empêchement absolu du président, les ministres se constituent en conseil de régence, et convoquent à bref délai l'Assemblée nationale, qui avise à l'élection présidentielle.

» Si le successeur du président est déjà nommé, il entre immédiatement en fonctions. »

Article 60. « Les ministres sont responsables devant le président et devant les Chambres de l'Assemblée nationale. »

Article 61. « Les ministres ne sont justiciables que du tribunal national suprême.

» Si un ou plusieurs ministres sont accusés et mis en état d'arrestation par ordre du président, ils peuvent demander à l'Assemblée nationale leur mise en liberté provisoire.

» Si un ou plusieurs ministres sont accusés par une des Chambres, ils peuvent demander que l'accusation soit portée devant l'Assemblée nationale, votant Chambres réunies et par tête. »

Article 62. « Un ordre même écrit du président ne servira ni d'excuse, ni de circonstance atténuante à un ministre convaincu d'avoir violé la constitution ou la loi. »

Article 63. « Aucun arrêté, aucune décision emportant un caractère général ne sera exécutoire en l'absence du visa du président. »

Article 64. « En cas de violation de la constitution ou de la loi, un ordre présidentiel ou ministériel ne couvrira pas le fonctionnaire inférieur qui pourra être traduit comme complice devant le tribunal national suprême. »

Article 65. « La loi réglera le mode d'accusation et de poursuites contre les agents ministériels civils et militaires; ils sont justiciables du jury, et pourront être mis en jugement sans autorisation préalable du pouvoir exécutif, sauf recours de leur part en dommages-intérêts contre leurs accusateurs déboutés, sans préjudice des autres peines appliquées aux diffamateurs. »

Droit administratif.

D. Que faut-il entendre précisément par droit administratif?

R. Le droit en vertu duquel sont réglés les intérêts du territoire, de ses circonscriptions et certains intérêts particuliers dans leurs rapports avec l'État.

D. Ce droit peut-il exercer une influence décisive sur le droit social, le droit politique et même sur les formes du gouvernement?

R. C'est toujours par le droit administratif que les gouvernements parviennent à établir des inégalités qui font tourner le droit commun au privilége de fait. Nombre d'articles du droit social et du droit politique ont été formulés en prévision de cet abus, qui, s'il parvenait à s'introduire dans l'édifice constitutionnel, fausserait tout, même le principe du suffrage universel, en créant, par diverses combinaisons du droit d'association, une classe ou des classes gouvernantes.

D. La défense de posséder des biens de main-morte suffit-elle à écarter les abus possibles de l'association?

R. Non, quoique cette défense soit d'une importance extrême. Il faut de plus, sous peine de voir l'association industrielle tourner à la corporation, poser en principe que toute association ayant pour but un lucre ne pourra s'établir que sauf approbation de ses statuts par l'État, que la durée de toute association ne pourra excéder 25 ans, et qu'au moment de la reconstitution, qui devra être dénoncée au moins six mois à l'avance, les statuts seront de nouveau soumis au contrôle de l'État.

D. Une telle prescription ne viole-t-elle pas la liberté?

R. Pas plus que le droit de la majorité ne viole celui de la minorité; pas plus que le droit éminent de l'État sur la famille et la propriété particulière ne viole le droit de la famille et de la propriété. Le capital est l'instrument des instruments. Les instruments sont le don de création au moyen desquels l'humanité dompte la matière. Or, de deux choses l'une : ou l'on déclarera dans toute association que le vote sur la gestion est par tête, et alors tous les grands capitaux s'éloigneront; ou l'on décidera que l'influence sur la gestion est en raison directe, jusqu'à une certaine limite, de la mise de fonds, et alors le capital opprimera le bras ainsi que cela est toujours arrivé. De ce fait inévitable résultent deux nécessités : la première de faire approuver par l'État les statuts de toute association et d'en limiter la durée, la seconde de réserver à l'État un droit de surveillance et d'arbitrage à peu près tel qu'il existe sur la Banque, qui mérite maintenant le titre de Banque de France.

D. L'État pourra-t-il suffire à cette surveillance et à cet arbitrage?

R. Ce n'est pas pour le repos et les aises des gouvernants que la République démocratique est instituée. Si le peuple a revendiqué la domination suprême, c'est pour tout voir, tout surveiller, tout diriger. Conçoit-on, d'ailleurs, que l'État prenne l'engagement de garantir l'existence par le travail à chacun de ses membres , et que chacun garde pourtant la faculté de se livrer à des associations qui puissent, malgré la volonté de l'État, enfanter le désordre industriel , dont la ruine est une conséquence forcée? Le laissez-faire et le laissez-passer est mort sur le seuil de la République.

D. Un système protecteur des douanes est donc compatible avec la liberté?

R. Si l'État n'a pas le droit, sur la frontière et au dedans, de protéger, de diriger la production nationale, encore une fois comment concevoir qu'il puisse garantir à chacun de ses membres l'existence par le travail? Le principe du libre échange produirait en France l'excessive richesse et l'excessive misère, la corruption, la démoralisation, l'exploitation de l'homme par l'homme, car il faut qu'un principe porte ses fruits. Le libre échange, c'est la concurrence effrénée , illimitée non-seulement à l'intérieur d'une nation, mais au dehors entre toutes les nations ; c'est la guerre des machines et de l'ambition mercantile substituée à la guerre du canon et de l'ambition politique.

D. L'humanité étant appelée à l'unité de race par les attributs et les droits généraux de l'espèce , n'en doit-on pas conclure que la liberté absolue du commerce est la voie où il faut nécessairement entrer pour arriver à l'unité politique et administrative, qui est la conséquence logique de l'unité de l'espèce?

R. La suppression des nationalités ne serait rien moins que la suppression de ces grandes aptitudes humaines si difficiles à former par la communauté de langage, de lois, de mœurs générales, que depuis l'origine du monde la France seule a réussi à en établir une. La promiscuité d'intérêts et de travaux entre tous les peuples amènerait infailliblement des effets analogues à ceux de la promiscuité substituée à la famille particulière. L'intelligence s'affaisserait faute d'un ressort assez puissant pour la soulever partout à la fois. Or, l'intelligence ne pouvant rétrograder longtemps par l'effet d'une combinaison politique ou soi-disant sociale , il arriverait ceci : les esprits, ne se sentant pas assez compréhensifs pour embrasser le monde , se reformeraient par petits groupes, et les grandes nationalités n'auraient disparu que pour faire place à la province , à la commune , au clan peut-être. Par une route dont la contre-pente et le détour ne sont pas aperçus des économistes, le libre échange précipiterait rapidement le monde vers la décadence.

D. Comment s'effectuera la garantie du travail?

R. Ce sera la question de tous les jours, la roche qui redescendra quand on l'aura montée.

D. Ne peut-on du moins poser des principes généraux?

R. Ces principes seront énoncés tout à l'heure.

D. Au nombre de ces principes convient-il d'énoncer celui de l'impôt? En d'autres termes, l'impôt sera-t-il progressif ou proportionnel?

R. L'impôt doit être juste. Si, par la proportion exacte, qui n'a jamais été pratiquée, on rencontre la justice, pourquoi s'interdire ce moyen par une déclaration constitutionnelle? Ne peut-on d'ailleurs établir, en les combinant ensemble, des impôts proportionnels et d'autres progressifs? L'impôt sur le revenu ne saurait suivre une progression régulière sans arriver assez promptement à l'absorption du revenu. Il décourage donc le capital. Or, le revenu de chacun ne pouvant être qu'une part du produit du capital national, l'impôt peut tuer la fortune publique : pourquoi se faire une loi souveraine de braver un tel péril? L'impôt progressif ne pouvant d'ailleurs, sans difficultés inextricables, s'appliquer à la consommation dans sa généralité, on aura tout risqué pour n'établir qu'un principe boiteux. Pour parler net, on aura érigé en maxime fondamentale un expédient conseillé par l'envie évidemment plus que par la science.

D. Il convient donc de ne formuler aucun principe pour l'assiette de l'impôt?

R. Ce serait une abstention dangereuse. Il faut laisser à la loi la liberté d'établir des impôts progressifs et proportionnels selon la nature des revenus et les exigences de l'équité.

D. Est-il des revenus qui, par leur nature et leur exiguïté, doivent échapper à l'impôt?

R. En ce qui concerne les revenus minimes, il n'est ni juste, ni digne qu'un citoyen à qui l'État garantit l'existence par le travail soit absolument exempt de contribuer aux charges de l'État. Le privilége par en bas n'est pas plus admissible que le privilége par en haut ou par le milieu. La loi doit avoir égard à la diversité de nature des revenus, mais elle doit tous les atteindre, tous résultant de la sécurité que l'État assure aux travailleurs.

D. Les communes, les cantons, les arrondissements, les départements, forment-ils des associations soumises au droit général?

R. Non, les communes, les cantons, les arrondissements, les dé-

partements n'étant que des formes conventionnelles de gouvernement.

D. Serait-il avantageux d'enlever aux communes le droit de
s'administrer pour centraliser ce droit dans les 2,847 cantons?

R. Ce serait, d'un côté, agrandir l'unité communale outre mesure ;
et de l'autre, rétrécir l'unité administrative, car la création du canton
administratif entraîne nécessairement l'abolition des arrondissements
sous-préfectoraux. Au lieu de 363 arrondissements, dont les exigences
et l'esprit de localité sont déjà un grave embarras, on en aurait 2,847.
Les idées, les sentiments, les intérêts secondaires recevraient par là
une force de condensation déplorable.

D. L'action du chef-lieu de département ne triompherait-elle pas
en définitive de cette force de résistance ?

R. Pourquoi créer une difficulté contre laquelle, bien qu'elle fût
plus faible, l'administration a succombé déjà tant de fois ? La raison
conseille de ramener à 30,000 le nombre des communes, en réunissant celles qui n'offrent pas de ressources suffisantes pour produire
une administration municipale capable, entretenir une maison communale, une école et un édifice pour les cultes.

D. Les communes doivent-elles élire leurs magistrats et s'administrer elles-mêmes?

R. Le droit d'élire les magistrats communaux est virtuel dans une
république démocratique. Quant au droit de s'administrer, les communes ne peuvent l'exercer que sous la surveillance de l'État, n'étant
elles-mêmes qu'un ressort du gouvernement général.

D. Doit-il y avoir des tribunaux administratifs?

R. Dans chaque département il doit exister un tribunal administratif; les jugements de ces tribunaux sont déférés par voie d'appel
au conseil d'État, chargé de maintenir l'unité de jurisprudence administrative.

D. Donnez la formule du droit administratif?

R. Il est évident que cette formule devra suivre l'ordre inverse à
celui que l'impatience des esprits a donné ici à l'ordre des questions.

Article 66. « Le territoire de la France demeure divisé en départements, arrondissements, cantons et communes.

» Le nombre des départements demeure fixé à 86, mais leurs circonscriptions pourront être remaniées par la loi, sur la demande unanime des
députés et des représentants des départements qui sollicitent ce changement.

» Le nombre des arrondissements d'un département ne peut être augmenté ou diminué que sur la demande unanime des députés et représentants de ce département.

» Le nombre des cantons ne peut de même être modifié sans le consentement des députés et représentants du département, mais ici le consentement de la majorité des représentants et députés suffit à autoriser ce changement.

» Il demeure entendu que ces changements ne peuvent avoir lieu que par la loi.

» Un premier remaniement des communes, pour les ramener au nombre de 30,000, sera fait par décret du pouvoir exécutif, sur l'avis d'un comité pris en nombre égal dans les deux Chambres composant l'Assemblée nationale.

» Les changements subséquents ne pourront être opérés que par la loi. »

Article 67. « Chaque département est administré par un magistrat amovible nommé par le président de la République.

» Ce magistrat est assisté d'un conseil formant tribunal administratif, et dont les membres, nommés par le président de la République, ne peuvent être révoqués que par un arrêté motivé.

» Chaque arrondissement est administré sous la dépendance du magistrat de département par un magistrat amovible à la nomination du président de la République.

» Entre les sessions législatives, à une époque déterminée par le président de la République, les députés et représentants du département se réunissent chaque année en conseil général pour examiner la gestion du magistrat de département.

» La session des conseils généraux ne peut durer ni moins de dix, ni plus de vingt jours. »

Article 68. « Les communes sont administrées par un maire, des adjoints et un conseil municipal élus pour un temps déterminé par la loi par tous les gardes nationaux âgés de vingt et un ans et résidant depuis plus d'un an dans la commune.

» Le budget des communes se divise en dépenses obligatoires et en dépenses facultatives.

» La loi arme l'autorité départementale des moyens de contraindre les communes aux dépenses déclarées obligatoires.

» Les communes peuvent posséder des édifices publics, des champs de foire et d'exercice ; toute autre propriété immobilière leur est interdite.

» Les fonds des communes seront convertis en rentes sur l'État.

» Dans le cas de réunion de plusieurs communes en une seule, leurs fonds forment une masse indivise.

» Les communes peuvent s'imposer extraordinairement pour trois ans, sans l'avis préalable de l'autorité départementale, mais seulement dans une proportion à déterminer par la loi.

» Elles peuvent de même, de leur propre autorité, contracter des emprunts remboursables en cinq ans, et dont le capital n'excède pas un rapport à déterminer par la loi avec leur revenu.

» Toute autre surcharge et anticipation financière sont interdites aux communes, sans autorisation préalable d'une loi rendue sur l'avis conforme du conseil général.

» Tout arrêté, emportant un caractère de nature à affecter les droits généraux des citoyens, ne pourra être rendu par l'autorité municipale que sous l'approbation du magistrat de l'arrondissement, et dans les formes à régler par la loi.

Article 69. « Les maires, et par délégation leurs adjoints, sont chargés de la police municipale dont les attributions et la juridiction seront fixées par la loi.

» Ils tiennent les registres de l'état civil et ceux de l'état civique.

» La garde nationale sédentaire est aux ordres des maires; les chefs de la force armée soldée sont tenus de déférer aux réquisitions des maires, dans le cas où il n'existe dans la commune aucune autorité civile supérieure. »

Article 70 « Les maires de canton n'ont aucune autorité sur l'administration des autres communes; mais, dans le cas de réunion de la force armée de plusieurs communes, le maire du canton prend la direction de cette force, et les autres maires sont tenus de lui obéir comme à un chef hiérarchique.

» Les maires de canton ont le droit d'inviter ceux des communes ressortissant au canton à se réunir, au chef-lieu cantonal pour prendre des mesures intéressant plusieurs communes.

» Les mesures arrêtées dans ces réunions ne sont exécutoires que sauf approbation du magistrat du département. »

Article 71. « L'impôt direct est assis sur le revenu net; il peut être calculé d'après le principe de la proportionnalité ou d'après celui de la progression, ou encore d'après ces deux principes combinés et appliqués selon la nature des revenus.

» Hors le temps de guerre, l'impôt proportionnel ne peut excéder douze pour cent, et l'impôt progressif dix-huit pour cent du revenu net. »

Article 72. « L'impôt sur le revenu provenant de rentes et créances hypothécaires ou rentes sur l'État sera inférieur au moins de moitié à l'impôt sur le revenu foncier.

» L'impôt sur le revenu des industries ne pourra excéder les trois cinquièmes de l'impôt sur le revenu foncier.

» L'impôt sur le revenu produit par les professions intellectuelles ne pourra excéder les deux cinquièmes de l'impôt sur le revenu foncier.

» L'impôt sur le revenu produit par le travail manuel ne pourra être égal qu'au cinquième de l'impôt sur le revenu foncier.

Article 73. « Les tarifs de douanes sont à la fois un impôt et une protection.

» En tant qu'impôt ils seront calculés, d'après le principe que la modération des taxes fait la richesse du trésor.

» En tant que protection, ils seront calculés de manière à ne servir que les industries placées dans de bonnes conditions financières et scientifiques.

» Les tarifs seront législativement revisés tous les cinq ans au plus tard. »

Article 74. « Les conventions commerciales avec les nations étrangères seront combinées de manière à amener des échanges par espèces déterminées et par quantités limitées, afin d'établir entre peuples une balance *ad valorem*, équitable autant que possible.

» La loi instituera des inspecteurs agricoles et industriels qui, par des rapports mensuels, tiendront la production au courant des besoins de la consommation.

» La restitution des droits d'importation est de principe dans le cas d'exportation ; la loi détermine les modes selon lesquels cette restitution est calculée. »

Article 75. « Les associations industrielles, mercantiles ou autres, ayant pour but le lucre, ne seront constituées qu'après avoir obtenu du pouvoir exécutif, sur l'avis conforme du conseil d'État, l'approbation de leurs statuts.

» L'État est l'arbitre né de toutes les difficultés qui peuvent s'élever entre les associés et la direction des associations.

» La loi régle le mode de cet arbitrage, dont les décisions sont sans appel.

» La loi décide également des cas où un agent de surveillance doit être placé par l'État près des associations, et aux frais desdites associations.

» Nulle association ne peut avoir une durée de plus de vingt-cinq ans ; la reconstitution de l'association sera dénoncée six mois à l'avance au pouvoir exécutif, qui doit requérir l'avis du conseil d'État sur la convenance de maintenir ou de modifier les statuts existants. »

Article 76. « Aucune association ne peut avoir pour but l'exploitation des routes, canaux, chemins de fer, télégraphes électriques ou autres.

» Les emprunts contractés par l'État ne peuvent l'être par l'entremise soit d'un particulier, soit d'une association particulière. »

Article 77. « Dans l'intérêt public, l'Assemblée nationale peut adjuger à l'État le monopole de la fabrication des armes et de la poudre de guerre et tout autre monopole dont l'utilité serait reconnue. »

Article 78. « La loi peut créer des banques ou comptoirs de crédit agricole, industriel, commercial, dans lesquels l'État entre en participation de bénéfices et de pertes.

» Il est de principe constitutionnel que le pouvoir exécutif nomme les directeurs de tous les établissements où l'État entre en participation.

» Si l'intervention de l'État se borne à une commandite, l'établissement, quel que soit son titre, peut rester dans le droit commun. »

Article 79. « La loi détermine la compétence et les formes de la juridiction du conseil d'État, dont les membres ne peuvent être révoqués que sur un arrêté pris par le président de la République en conseil des ministres.

» Toutefois, il est de principe constitutionnel que les questions d'expropriation pour cause d'utilité publique, celles des servitudes militaires, maritimes, fluviales et routières, quel que soit le mode de locomotion, et les questions de prises maritimes sont dans la compétence de ce tribunal administratif. »

Article 80. « Le conseil d'État rend des arrêts définitifs ; cependant le président de la République peut opposer à ces arrêts un *veto* suspensif fondé sur une fausse interprétation de la loi ; en ce cas l'Assemblée nationale prononce souverainement. »

Article 81. « Le droit d'expropriation immédiate pour cause d'utilité publique législativement déclarée s'exerce par l'État, moyennant le dépôt d'une somme calculée d'après l'impôt dans une proportion déterminée par la loi ; la liquidation de l'indemnité a lieu ensuite par le conseil d'État sur le rapport d'un jury, rapport n'ayant que la valeur d'un avis. »

Article 82. « La cour des comptes, dont la composition sera réglée et les attributions déterminées par la loi, porte sur la comptabilité de *tous* les départements ministériels, des arrêts qui ont force de chose jugée s'ils ne sont redressés par l'Assemblée nationale.

Droit judiciaire.

D. Le droit judiciaire comprenant au civil le règlement des intérêts particuliers dans leurs rapports entre eux et avec l'État ; et au criminel la répression des actes qui attaquent soit l'individu, soit la société, dans l'usage de ses facultés et de ses droits, est-il possible d'en fixer tous les principes dans un acte constitutionnel, qui exclut les développements ?

R. Si on laisse à la loi trop de latitude à l'égard des institutions judiciaires, on verra les droits les plus positifs se fausser peu à peu, sous prétexte de formes, de garanties accessoires, et les codes devenir un dédale d'où l'équité ne sortira que meurtrie, si elle en sort. Sans doute le droit judiciaire n'étant que le gardien du droit social, du droit politique, du droit administratif et des formes de gouvernement, son action est contenue par les principes généraux énoncés dans les titres précédents de la constitution. Mais, encore une fois, on ne saurait être trop en garde contre un corps de légistes qui, par orgueil scientifique autant que par intérêt matériel, traduit les affaires les plus simples en difficultés insolubles pour quiconque n'est pas du métier. Le peuple le plus heureux est celui qui a le moins besoin d'avocats, d'avoués et de notaires.

D. La besogne des notaires n'est-elle pas singulièrement amoindrie par la déclaration qu'entre époux la communauté est de droit social, et qu'il ne peut y être dérogé que par un jugement postérieur au mariage ?

R. Cela ne suffit pas. Il faut que la constitution impose à la loi l'obligation de régler le système hypothécaire de manière qu'on puisse emprunter sur immeubles comme sur meubles, et que la vente d'une propriété foncière ne soit pas plus difficile que celle d'un coupon de rentes sur l'État ou le transfert d'une créance hypothécaire ; il faut que le droit des femmes, des mineurs, des absents, ne soit plus une cause générale de lenteurs, d'obstacles, de ruine, et qu'après un certain délai, en vertu de la simple homologation de son titre par le tribunal du lieu de situation, le créancier puisse faire vendre un immeuble comme un commissionnaire du commerce fait vendre la marchandise qui lui a été donnée en consignation.

D. Lorsque l'on proposa ce système à Napoléon, ne le repoussa-t-il pas en disant : « Je ne veux pas que le sol tremble ? »

R. Napoléon, si grand que fût son génie, n'avait su se défendre de l'infatuation des idées féodales ; il était d'ailleurs entouré de légistes imprégnés jusqu'à la moelle de ce principe que la famille doit être l'élément politique. Or, qu'importe à une république démocratique que telle famille plutôt que telle autre possède une part du sol ? Il est visiblement faux, au surplus, que l'agriculture puisse souffrir de ces mutations. Celui qui est trop pauvre pour acquitter ses dettes ou seulement les intérêts de ses dettes, car, s'il payait exactement sa rente, il trouverait un autre prêteur, est trop pauvre pour bien cultiver. Champs et maisons ne sont bien que dans la main du possesseur qui peut les entretenir largement. La mauvaise situation de notre agriculture est due en grande partie aux garanties monstrueuses dont on a prétendu couvrir la propriété foncière par le système des hypothèques et celui de l'expropriation.

D. Quels sont donc, dans leur formule la plus brève, les principes du droit judiciaire au civil ?

R. Il serait rationnel peut-être de dire quelle sera la loi avant de dire qui l'appliquera ; mais il y a au fond du cœur humain une faiblesse qui le porte à chercher d'abord les garanties dans la situation des personnes. C'est donc de l'organisation des tribunaux qu'il convient de s'occuper d'abord.

D. Le mode de nomination des juges ayant été fixé au titre *Formes du gouvernement*, y a-t-il une autre question de personnes à résoudre ?

R. Il convient d'expliquer pourquoi la nomination des juges a été attribuée au président de la République au lieu d'être remise à l'élection, et d'exposer les raisons qui, sous la République démocratique, conseillent de rétablir l'inamovibilité des juges.

La justice doit être indépendante : le serait-elle si, tous les trois ou quatre ans, les juges voyaient leur position remise aux chances d'une élection ? Le principe électif est excellent lorsqu'il s'agit d'intérêts généraux, et même encore lorsqu'il s'agit d'intérêts communs à des localités. Mais la justice prononce le plus souvent sur des intérêts individuels, et rien ne saurait empêcher ces intérêts d'intervenir dans l'élection des juges. Ne la fausseraient-ils pas? En remettant la nomination des juges au président de la République, sauf approbation de l'Assemblée nationale, on garantit complétement la sûreté des choix. Quant à l'indépendance réelle, on ne l'obtiendra que par l'inamovibilité.

Si le juge peut être destitué par le président, le président influera sur le juge ; si la destitution ne peut être prononcée par le président que sauf ratification de l'Assemblée nationale, on double l'influence extérieure qui pèse sur les juges. Vainement dirait-on que cette influence existe, puisque l'Assemblée nationale prononce sur la convenance des nominations judiciaires. Grande est la différence entre une nomination et une destitution. L'une est une récompense dont le refus n'a rien d'absolument blessant ; l'autre est une punition qu'on fait tout pour éviter, car elle froisse l'intérêt non moins que la dignité. Que l'on considère, d'ailleurs, dans quelle situation on placerait l'Assemblée nationale en l'obligeant de prononcer entre un juge et le président de la République : le juge aurait bien des chances s'il n'était pas sacrifié à la politique.

L'inamovibilité n'offre de dangers que si elle n'est pas réelle.

Article 83. « Les jugements et arrêts de la justice sont indépendants du pouvoir politique et du pouvoir administratif. »

Article 84. « La justice est administrée par des magistrats non sujets à révocation. »

Article 85. « Nul magistrat inamovible ne peut obtenir d'avancement ni même de permutation, s'il n'a renoncé à l'inamovibilité et occupé pendant quatre ans au moins des fonctions révocables dans le ministère public, ou s'il n'est l'auteur d'un ouvrage de droit approuvé depuis plus d'un an par la cour de cassation. »

D. Il faudra, d'après ce système, créer d'emblée des magistrats de premier rang. Cela sera-t-il facile ou seulement possible?

R. Les magistrats se formeront par l'exercice du ministère public.

D. Comment parviendront ceux qui ne sont pas doués du don de la parole?

R. Dans un pays de libre discussion, plus ou moins bien, tout citoyen sait parler en public. Au surplus, il n'est pas nécessaire d'être orateur pour diriger un parquet meublé de substituts toujours impatients de prendre la parole. Le professorat sera aussi une excellente pépinière pour les cours d'appel et de cassation.

D. Trouvera-t-on pour les tribunaux de première instance des juges capables lorsque ces juges devront renoncer, sauf l'accomplissement de la condition stipulée par l'article 85, à tout avancement même dans le tribunal où ils siégent?

R. Par la fixité la position des juges acquerra une plus grande dignité, et les hommes de mérite afflueront même dans les tribunaux inférieurs. En surexcitant le désir d'avancement, on provoque l'intrigue et l'audace plus que le talent.

D. Convient-il de maintenir les circonscriptions et la hiérarchie judiciaire existantes?

R. Ce serait une grave imprudence de rompre brusquement toutes les habitudes judiciaires de la nation. Les constitutions qui forment contrat synallagmatique avec une aristocratie ou une dynastie sont difficiles à reviser, les constitutions émanées d'une démocratie souveraine peuvent sans inconvénient être soumises à des révisions plus fréquentes; les esprits se divisent en ce moment sur la question de savoir s'il convient de conserver les cours d'appel, mais ils sont unanimes sur la nécessité de l'existence d'une cour de cassation, qui maintienne l'unité de jurisprudence dans toute l'étendue de la République. En une telle situation, la raison commande de conserver l'institution actuelle en la rectifiant par la loi.

D. L'inamovibilité accordée aux juges crée-t-elle un droit en faveur des juges nommés par les gouvernements déchus?

R. Leur droit est devenu ce qu'est devenu celui de ces gouvernements.

Article 86. « Les circonscriptions judiciaires actuellement existantes sont maintenues, sauf modifications à intervenir sur la demande unanime des représentants et députés des départements où ces modifications seront effectuées par la loi. »

Article 87. « Il y a trois degrés de juridiction : la première instance, l'appel, la cassation. »

Article 88. « La loi déterminera la composition des cours et tribunaux. »

Article 89. « Les tribunaux de première instance prononceront sans appel sur toutes les causes civiles dont l'intérêt n'excède pas 3,000 fr., le recours en cassation étant toujours de droit. »

Article 90. « L'institution des justices de paix est maintenue.

» Les juges de paix sont nommés par le président de la République sur une liste triple de candidats formée par les représentants et députés du département en conseil général.

» Ils sont nommés pour cinq ans, et peuvent indéfiniment être portés sur la liste des candidats.

» La loi détermine la compétence et la juridiction des juges de paix. »

Article 91. « La loi civile interdira toute hypothèque occulte.

» Elle posera des règles et publiera des formules pour faciliter les ventes d'immeubles, les emprunts hypothécaires et les constitutions de rentes temporaires, perpétuelles, ou viagères sous seing privé, avec assistance de témoins.

» Les ventes d'immeubles sous seing privé ne seront consommées toutefois qu'après l'accomplissement des formalités de publicité. »

Article 92. « La loi veillera à la conservation des actes par leur enregistrement et leur transcription en deux bureaux situés en des localités différentes, afin de se prémunir contre toutes tentatives ou accidents d'incendie. »

Article 93. « Les frais d'enregistrement seront proportionnels aux valeurs énoncées dans les actes; les frais de transcription seront fixés à raison de tant la ligne. »

Article 94. « La loi s'appliquera à simplifier toutes les formes de la procédure et à diminuer tous les frais de justice. »

Article 95. « Les droits des absents et des mineurs seront réglés par la loi, de manière à ne pas entraver le mouvement de la propriété foncière. »

Article 96. « Le terme le plus long de la prescription ne pourra excéder vingt ans. »

D. Que faut-il penser de l'intervention du jury en matière civile?

R. Cette intervention ne saurait être ni prescrite ni interdite d'une manière absolue. La question doit demeurer ouverte devant la législature. L'histoire enseigne que chez les Francs, dans les plaids du canton, les hommes libres prononçaient sur tous leurs différends, le comte étant seulement chargé de l'exécution des jugements; mais à mesure que les relations se compliquèrent, l'intervention du jury, car c'était bien le jury, alla se rétrécissant et finit par être supprimée. Lorsqu'on la rétablit, on estima qu'elle n'était indispensable que dans les causes politiques et criminelles; telle est encore la conviction générale. Cependant l'expérience démontrant qu'on peut, en exagérant la juridiction des tribunaux correctionnels, empiéter sur les garanties données aux citoyens par la constitution, il convient de déclarer que l'intervention du jury est de principe constitutionnel toutes les fois que l'accusation, abstraction faite de la récidive, entraîne un emprisonnement de plus de six semaines.

D. Il sera donc tenu des assises correctionnelles et des assises criminelles?

R. Avec cette différence que les assises correctionnelles tiendront chaque mois leur session au chef-lieu d'arrondissement.

D. N'est-il pas à craindre de fatiguer les jurés?

R. Ils seront au nombre de neuf cent mille environ, et tout juré ayant rempli son service né pouvant être rappelé avant l'épuisement complet de la liste, il y a certitude qu'il ne siégera pas plus d'une fois en trois ans.

D. Y aura-t-il un jury d'accusation?

R. Oui, dans les causes criminelles et dans les accusations pour délits politiques et de presse.

D. Comment se formera ce jury?

R. Les jurés désignés dans chaque commune éliront un d'entre eux sur dix pour le jury d'accusation, dont la liste aura la même durée que celle du jury de jugement.

D. La constitution ne doit-elle pas s'expliquer sur les pénalités?

R. La constitution ne doit procéder en cette matière que par voie d'exclusion.

D. Quelles sont les peines qu'elle exclut?

R. La peine de mort avant toute autre et d'une manière absolue, si ce n'est en temps de guerre et pour désertion à l'ennemi.

D. La société n'a donc pas le droit de se venger des assassins?

R. La vengeance n'est dans le droit de personne; de quelque prétexte qu'on la colore, la vengeance reste ce qu'elle est, un instinct bestial. Le droit de justice dérive du droit de défense et de conservation. Pour décider si la société a le droit de tuer un de ses membres, il faut poser cette question : La société ne peut-elle assurer sa sécurité que par la mort du coupable? Or, la moyenne des exécutions capitales étant depuis dix-huit ans au-dessous de cinquante par an, et la vie moyenne des condamnés étant de moins de vingt ans, la question pour la France se réduit à savoir si un État fort de trente-six millions d'hommes peut tenir en prison huit ou neuf cents coupables de plus.

•D. N'y aurait-il pas eu plus d'assassinats si la peine capitale n'eût pas existé?

R. Si l'intimidation par la peine de mort avait l'efficacité qu'on lui attribue, les pays où la mort est prodiguée aux coupables seraient les plus exempts de crimes, sinon les plus moraux. Or, c'est précisément le contraire qui arrive. Le sang appelle le sang, et toute législation cruelle fait un peuple cruel ou lâche. Vainement la société flétrit les assassins, il y a parmi eux un point d'honneur, et qui meurt bien meurt respecté des siens. C'est là un véhicule qu'il faut abattre en ne laissant pas au crime la chance d'atténuer, par une démonstration suprême de courage, le mépris qu'il inspire.

D. N'y a-t-il pas aussi contre la peine de mort des arguments à tirer du respect dû à la vie humaine, indépendamment du mérite de l'individu?

R. Toutes les sociétés qui ont manqué de respect pour la vie humaine dans les masses ou seulement dans les individus ont péri ou sont en décadence. C'est par là que Rome est tombée si rapidement du faîte des grandeurs, c'est par là que s'en va la Turquie, par là que l'Espagne a glissé du rang qui lui appartient dans le monde. La vie, c'est le mouvement, l'avenir, le progrès; faillir au respect de la vie, c'est attenter à la mission providentielle de l'humanité, mission qui ne saurait s'accomplir que par la multiplication et le perfectionnement physique et intellectuel de l'espèce. Mais, sans rentrer dans cet ordre d'idées, il suffit d'ajouter que l'incertitude des jugements humains serait à elle seule un argument décisif contre la peine de mort.

D. Cependant les déserteurs à l'ennemi sont passés par les armes?

R. Ces déserteurs se dénationalisent et subissent naturellement le sort de l'ennemi qui cherche à surprendre un camp ou une place à l'aide d'un déguisement. La vie n'est sauve qu'aux prisonniers faits en combattant loyalement sous leur cocarde.

D. Quelles autres peines la constitution doit-elle interdire?

R. La marque, la mutilation, les châtiments corporels.

D. La constitution n'a-t-elle rien de positif à prescrire quant au régime pénitentiaire?

R. La constitution doit interdire d'une manière absolue toute communication des prévenus entre eux et des condamnés entre eux, d'après ce principe que toute punition a pour but non-seulement la sécurité générale, mais aussi l'amélioration morale des accusés et des coupables, et que, plus encore que les bons, les mauvais sentiments sont contagieux; la loi demeurant, du reste, chargée de pourvoir aux moyens d'exécution.

Article 97. « Non-seulement l'intervention d'un jury de jugement est de rigueur dans les causes criminelles et les accusations pour délits politiques et de presse, elle est aussi de principe constitutionnel dans toutes les causes correctionnelles, lorsque l'accusation entraîne, abstraction faite de la récidive, un emprisonnement de plus de six semaines. »

Article 98. « Des assises correctionnelles seront tenues tous les mois, et plus souvent s'il y a lieu, dans les chefs-lieux d'arrondissement, selon les formes prescrites par la loi. »

Article 99. « Le renvoi devant les assises correctionnelles sera prononcé par les juges. »

Article 100. « Le renvoi devant les assises criminelles sera prononcé par un jury d'accusation. »

Article 101. « Les électeurs désignés dans chaque commune élisent un d'entre eux sur dix pour former la liste du jury d'accusation, liste qui a la même durée que celle du jury de jugement. »

Article 102. « Tout juré, soit de jugement, soit d'accusation, ayant accompli une fois son office, ne peut être rappelé une seconde fois qu'après l'épuisement complet de la liste. »

Article 103. « Les jurés d'accusation sont tirés au sort comme les jurés de jugement. »

Article 104. « A tout jury de jugement criminel ou correctionnel seront soumises la question de circonstances atténuantes, et, s'il y a lieu, celle de dommages-intérêts. »

Article 105. « La peine de mort est abolie, si ce n'est pour désertion à l'ennemi et en temps de guerre. »

Article 106. « Sont exclues des codes français la peine de la marque et toute peine emportant mutilation. »

Article 107. « Les châtiments corporels sont interdits, même envers les prisonniers. »

Article 108. « La loi avisera aux moyens d'empêcher toute communication des prévenus entre eux et des condamnés entre eux, en veillant à ce que la raison des prisonniers ne soit point atteinte par l'absence de relations humaines. »

Article 109. « Le président de la République peut surseoir à l'exécution des jugements, et faire présenter à l'Assemblée nationale des demandes en commutation, qu'elle seule peut accorder.

» Aucune demande en commutation ne peut être adressée directement à l'Assemblée nationale. »

Tribunal national suprême.

Article 110. « Le tribunal national suprême se compose des présidents et vice-présidents de la cour de cassation et des premiers présidents des cours d'appel.

» Au cas d'empêchement du président d'une cour d'appel, il est suppléé par le doyen des vice-présidents de cette cour. »

CONSTITUTION FRANÇAISE.

LIBERTÉ, ÉGALITÉ, FRATERNITÉ.

LE PEUPLE FRANÇAIS

EN SON PROPRE NOM
PAR SON AUTORITÉ SUR LUI-MÊME
ET SA SOUVERAINE VOLONTÉ
S'EST CONSTITUÉ
EN RÉPUBLIQUE DÉMOCRATIQUE
UNE ET INDIVISIBLE

SOUS LES PRINCIPES CI-APRÈS ÉNONCÉS.

DÉCLARATION D'HONNEUR.

L'équité prescrivant de respecter tous les contrats passés
de bonne foi entre les particuliers et l'État, le peuple français déclare
de nouveau nationales toutes les dettes législativement contractées par les précédents
gouvernements, et s'engage à en rembourser le capital nominal ou à en servir les
intérêts nominaux; le peuple français s'engage en outre à ne convertir les
rentes sur l'État qu'en laissant aux porteurs, divisés en séries par le sort,
l'option entre la conversion et le remboursement au pair.

DROIT SOCIAL.

Article 1er. « Le droit social est l'essence dont tous les autres droits
ne sont que des émanations ou des formes. »

Article 2. « La monogamie et la perpétuité du mariage, sauf dissolution pour démérite légalement constaté de l'un des époux, sont seules de
droit social.

» Tout vœu extérieur de célibat, même pour un temps limité, étant une mutilation de l'unité humaine, entraîne la déchéance du contractant dans une mesure qu'il appartient au droit politique de déterminer. »

Article 3. « La communauté pour apports actuels et futurs, comme pour acquêts et conquêts, est de droit entre époux, sans réserves légales pour les ascendants, les époux, au cas de décès sans postérité, étant héritiers naturels l'un de l'autre.

» Il ne peut être dérogé à cette prescription que par acte postérieur au mariage et dans la mesure marquée par un jugement *ad hoc*, rendu par les tribunaux compétents.

» Les pères et les mères ont le devoir de pourvoir à l'entretien et à l'éducation de leurs enfants; au cas d'insuffisance de ressources dûment constatée par un jury communal, l'État leur vient en aide. »

Article 4. « La propriété est corporelle et incorporelle. Le travail personnel et direct constitue la propriété corporelle; tout objet, toute valeur qui, n'étant pas en nous-mêmes, produit soit un revenu, soit une utilité, soit un agrément pour la vie, constitue une propriété incorporelle. Les deux espèces de propriété se mêlant, se confondant nécessairement, quoiqu'à des degrés divers, toute propriété est inviolable, sans distinction d'origine ou de nature. »

Article 5. « L'exercice du droit de paternité et de celui de propriété est soumis à la direction et à la surveillance de l'État, qui peut lui imposer les charges et restrictions commandées par l'intérêt général, sans pouvoir toutefois attaquer ces droits dans leur essence. »

Article 6. « Pour toute espèce de propriété, l'héritage par droit du sang s'arrête là où s'arrête l'obligation réciproque de se fournir des aliments; cette obligation s'étend jusqu'au degré avonculaire inclusivement.

» Pour toute espèce de propriété, possession vaut titre jusqu'à production de titre contraire. »

Article 7. « La société est tenue d'assurer à tout homme, en retour d'un travail qui n'ait rien d'excessif ni d'abrutissant, des aliments sains et en quantité suffisante, un asile propre et salubre, un vêtement décent.

» La société est également tenue d'assurer l'existence des incapables en mesurant la situation qu'elle leur fait à leurs mérites, c'est-à-dire en ne traitant pas de la même manière l'infirme et le paresseux, le vicieux et l'infortuné. »

Article 8. « L'instruction primaire est obligatoire; elle est identique pour les fils de tous les citoyens; la même identité doit régner dans l'instruction primaire donnée aux filles; les parents peuvent se dispenser d'envoyer leurs filles aux écoles publiques, sous la condition d'administrer la preuve qu'ils leur donnent l'enseignement obligatoire et de les soumettre à des examens déterminés par la loi; la fréquentation des écoles publiques est de rigueur pour les garçons. »

Article 9. « A la suite des cours d'instruction primaire, un concours est ouvert entre les élèves dépourvus de fortune; une bourse pour entrer dans les lycées est accordée au plus méritant sur dix. »

Article 10. « L'instruction religieuse est absolument distincte de l'instruction laïque. »

» Conformément à l'article 2 du droit social, ceux et celles qui ont fait vœu extérieur de célibat, même pour un temps limité, ou se sont liés par serment à une hiérarchie ayant un chef étranger ou imposant à ses membres des obligations en dehors du droit commun national, sont exclus de l'enseignement laïque. »

Article 11. « La majorité pouvant seule légitimement exiger l'obéissance de tous à sa volonté, un gouvernement élu directement à courtes périodes par la majorité, et responsable devant elle ou devant des juges par elle à l'avance institués, est de droit social, nonobstant toute convention contraire passée avec une famille, ou tout privilége concédé à une ou à plusieurs classes politiques. »

Article 12. « Tout citoyen, se devant à la défense de la société, est tenu d'être armé, de connaître le maniement des armes et de déférer aux commandements légaux des autorités instituées pour la défense nationale au dedans et au dehors. »

Article 13. « La discussion sans violence physique, sans provocation à cette espèce de violence et sans rassemblements de nature à menacer par leur nombre la paix sociale, est libre sur toutes matières, sans exception des matières religieuses, l'homme n'étant souverain absolu que dans le for intérieur de sa conscience, et tout acte extérieur tombant sous la critique publique et, s'il y a lieu, sous la juridiction publique. »

DROIT POLITIQUE.

Article 14. « La loi est la formule de la pensée et de la volonté de la génération présente; toute loi non formellement confirmée est prescrite après 30 ans. »

Article 15. « La loi n'est obligatoire qu'autant qu'elle a été rendue ou expressément sanctionnée par une assemblée de représentants du peuple élus directement par tous les citoyens majeurs, la représentation étant au *minimum* d'un membre pour 70,000 habitants. »

Article 16. « Les citoyens sont égaux devant la loi, quelles que soient leur capacité personnelle, leur origine, leur race, leur fortune, leur instruction. »

Article 17. « Tous les citoyens sont admissibles aux emplois publics et aux fonctions sociales exigeant un diplôme, s'ils font la preuve de la capacité nécessaire pour l'exercice de ces emplois et professions.

» Parmi les conditions de capacité ne pourront être rangées ni la connaissance des langues mortes, ni celle d'aucun degré d'une science quelconque non indispensable dans la pratique. »

Article 18. « De l'âge de 18 ans jusqu'à la mort, tout citoyen est inscrit sur les contrôles de la garde nationale qui forment l'état civique de la nation.

» Les exemptions de service ne peuvent être accordées que pour cause d'âge, d'empêchements physiques et d'incompatibilités du service avec certaines fonctions publiques ou sociales.

Article 19. « Tout garde national reçoit une cédule annuelle indiquant son nom, son âge, sa profession, son signalement, la commune à laquelle il appartient; ladite cédule lui servant de passe-port et de livret à l'intérieur. Le système de la cédule sera étendu aux garçons âgés de plus de 16 ans, et, à partir de cet âge, aux filles et femmes vivant hors du domicile paternel ou conjugal. »

Article 20. « Tout garde national âgé de 21 ans est électeur dans la commune où il réside depuis six mois.

» Si la forme du gouvernement comporte deux assemblées, l'une des deux au moins sera le produit du suffrage direct, et à celle-là une prépondérance décisive sinon immédiate sera attribuée sur l'autre. »

Article 21. « L'intervention des jurés comme juges suprêmes du fait est de rigueur dans le jugement de tout délit politique ou de presse, de tout procès en diffamation et de toute cause criminelle.

» Les jurés sont nommés par les gardes nationaux majeurs, à raison de 1 sur 10 gardes nationaux inscrits et remplissant la condition d'âge.

» La liste est formée pour trois; les jurés de jugement sont tirés au sort sur cette liste. »

Article 22. « La force armée réside dans la garde nationale, qui se divise en sédentaire de réserve, en sédentaire active, en mobile de réserve, en mobile active et en armée de ligne. »

Article 23. « La garde nationale sédentaire élit directement tous ses chefs, à l'exception des commandants supérieurs et des chefs d'état-major, dont la nomination est attribuée au pouvoir exécutif. »

Article 24. « La garde nationale mobile active élit ses caporaux, sergents, sous-lieutenants et lieutenants; les fourriers, sergents-majors, adjudants sous-officiers, adjudants-majors, capitaines et chefs de bataillon sont nommés par le pouvoir exécutif dans la forme et selon les conditions déterminées par la loi. »

Article 25. « L'armée de ligne se recrute dans la garde nationale par la voie du sort et par engagement volontaire.

» Hors le temps de guerre, la durée du service sous le drapeau ne peut excéder cinq ans, et celle du service dans la réserve trois ans.

» Ce principe est applicable aux armées de terre et de mer. »

Article 26. « Nul ne peut se faire remplacer dans les armées s'il n'a servi personnellement au moins pendant dix-huit mois et obtenu de ses chefs une attestation que son instruction militaire est satisfaisante.

» Tout remplacé prend, soit dans la garde nationale sédentaire, soit dans la mobile, soit dans la réserve de ligne, les obligations de son remplaçant. »

Article 27. « Les grades dans les armées de terre et de mer sont conférés par le pouvoir exécutif, sous les conditions déterminées par la loi.

» Ces grades, à partir de celui de sergent, constituent une propriété dont le titulaire ne peut être privé que par un jugement contradictoire et public avec assistance d'un défenseur pour l'inculpé. »

Article 28. « Le droit de s'associer d'une manière permanente ou transitoire pour discuter, défendre, propager des opinions politiques, est déclaré inattaquable et imprescriptible dans les limites suivantes :

» Toute association est tenue de faire connaître à l'avance le lieu de ses réunions à l'autorité locale.

» Cette autorité aura, dans la réunion, une place réservée; ses procès-verbaux feront foi jusqu'à inscription de faux.

» Il est défendu de se réunir en armes.

» Aucune réunion de plus de trois mille personnes ne peut être tenue sans autorisation préalable.

» La loi prendra des mesures pour empêcher que cette disposition ne soit fraudée au moyen de la division des associés en sections. »

Article 29. « Le droit d'association religieuse s'exerce dans les mêmes limites et sous les mêmes conditions.

» Toutefois les réunions dans les édifices consacrés aux cultes ne sont point limitées quant au nombre. »

Article 30. « Tout citoyen a le droit de publier ses opinions par la presse ou par tout autre moyen, sous les conditions suivantes :

» Tout écrit, tout imprimé, toute peinture, lithographie, gravure, en un mot, toute expression publique de la pensée indiquera le nom de l'auteur ou de l'éditeur qui s'en rend responsable.

» Nulle censure directe ou indirecte ne pourra être établie.

» La diffamation envers l'autorité et les particuliers, et la provocation à l'emploi de la force matérielle contre le gouvernement ou contre les particuliers, et la propagation de faits ou nouvelles favorables à l'ennemi constituent les seuls délits de presse punissables par la loi.

» Aucune charge fiscale ne peut être imposée à l'émission de la pensée sous prétexte des besoins du trésor public; le droit de poste de quatre centimes par feuille d'impression ne peut être augmenté. »

Article 31. « Les cultes n'étant que des moyens de publication et de propagation de la pensée, les ministres des cultes sont soumis, pour leurs prônes, prêches, sermons, discours et écrits, aux mêmes juridictions et aux mêmes pénalités que les autres citoyens. »

Article 32. « L'égalité et la liberté des cultes ne laissant à l'État aucune autorité spéciale sur les religions, dont l'exercice rentre dans le droit général des associations :

» Aucun culte n'est salarié directement ou indirectement par l'État.

» Nul citoyen ne peut être contraint de participer à l'entretien d'un culte quelconque.

» Tous les édifices attribués actuellement aux cultes sont déclarés propriétés communales. »

Article 33. « L'État ne pouvant admettre au bénéfice du droit commun les citoyens qui ne sont pas complétement enveloppés dans ce droit, sont et demeurent exclus de l'électorat de la représentation nationale, du jury et de tout emploi public les citoyens liés par un vœu extérieur de célibat ou affiliés à une hiérarchie ayant un chef étranger ou imposant à ses membres des obligations en dehors du droit commun national.

» En vertu d'une renonciation publique au vœu de célibat et d'une déclaration en forme légale de sortie des liens de la hiérarchie sus-énoncée, lesdits citoyens rentrent, après un an, dans la jouissance du droit commun. »

Article 34. « Aucune association, soit laïque, soit religieuse, ne peut posséder de propriété de main-morte.

» La loi prendra les dispositions les plus efficaces pour découvrir toute violation de cette prescription par *fidei-commis*, donations testamentaires ou autres.

» Les propriétés entachées de substitutions, de *fidei-commis* ou de donation en fraude de la loi, tomberont dans le domaine public comme biens sans propriétaire légitime. »

Article 35. « La confiscation est abolie, mais l'État est en droit de poursuivre en dommages-intérêts les auteurs et fauteurs de guerre civile ou de destruction des propriétés nationales ou communales. »

Article 36. « Nul citoyen ne peut être distrait de ses juges naturels.

» Nulle arrestation, hors le cas de flagrant délit, ne peut être pratiquée que selon les formes légales.

» La mise en liberté sous caution est de droit pour les accusés de délits politiques et de presse, et pour les accusés de délits communs n'entraînant pas la peine de plus de six mois d'emprisonnement.

» La loi réglera les conditions de la mise en liberté sous caution, de manière à ce qu'elle ne devienne pas un privilége pour les riches. »

FORMES DU GOUVERNEMENT.

Article 37. « Le pouvoir législatif réside dans une assemblée nationale composée de deux chambres, appelées l'une Chambre des représentants, l'autre Chambre des députés.

» Dans les cérémonies publiques, les Chambres, comme signe de leur égalité, occupent tour à tour le premier rang. »

Article 38. « La Chambre des représentants est composée de 520 membres répartis entre les départements en raison de la population.

» Les représentants sont nommés par suffrage universel direct et par scrutin de liste pour chaque département, selon un mode à déterminer par la loi qui déterminera aussi l'époque des élections. »

Article 39. « La Chambre des députés est composée de 400 membres répartis entre les départements en raison de la population.

» Les députés sont nommés par suffrage universel indirect, selon un mode à déterminer par la loi.

» Le nombre des électeurs nommant les députés ne pourra être inférieur au trentième du nombre des gardes nationaux âgés de vingt et un ans. »

Article 40. « Tout électeur âgé de vingt et un ans, et non privé de ses droits politiques, est éligible dans les deux Chambres. »

Article 41. « Sont incompatibles avec le mandat de représentant toutes fonctions politiques, administratives, judiciaires et militaires salariées, à l'exception de celles de ministre, de sous-secrétaire et de conseiller d'État. »

Article 42. « Sont compatibles avec le mandat de député les fonctions politiques, administratives, judiciaires et militaires salariées, les fonctions de comptable exceptées.

» Toutefois, aucun fonctionnaire ne pourra être élu par le département ou les départements sur lesquels s'étendent ses fonctions, et les départements ne pourront choisir qu'un tiers au plus de leurs députés parmi les fonctionnaires. »

Article 43. « Les représentants reçoivent, durant la session, une indemnité qui est égale pour les deux Chambres ; cette indemnité ne peut être cumulée avec aucun traitement, soit civil, soit militaire. »

Article 44. « La Chambre des représentants est nommée pour quatre ans ; elle se renouvelle intégralement. »

Article 45. « La Chambre des députés se renouvelle par quart chaque année. »

Article 46. « Les Chambres se réunissent chaque année le 30 novembre.

» Leur session est de six mois.

» Le pouvoir exécutif peut les convoquer en sessions extraordinaires. »

Article 47. « L'initiative des lois, décrets, propositions, appartient également aux deux Chambres. »

Article 48. « Lorsqu'une loi adoptée par la Chambre des représentants a été rejetée par la Chambre des députés, elle ne peut être représentée dans la même session. »

Article 49. « Si la Chambre des représentants adopte de nouveau cette loi dans les mêmes termes que la première fois, ou modifiée seulement par des amendements votés précédemment par la Chambre des députés, cette Chambre est tenue de l'enregistrer purement et simplement. »

Article 50. « Aucun traité avec l'étranger n'est exécutoire s'il n'a été adopté par l'Assemblée nationale.

» En cas de dissentiment entre les deux Chambres sur un acte diplomatique, le vote de celle des représentants sera prépondérant, s'il est rendu aux deux tiers des voix. »

Article 51. « Le droit de pétition individuelle et collective résultant du droit de discussion, il y aura, dans chaque Chambre, une commission chargée de rendre compte des pétitions et de requérir le renvoi devant les tribunaux des auteurs de celles qui seraient conçues en termes menaçants ou diffamatoires pour l'Assemblée nationale.

» Aucune pétition ne peut être présentée à la barre des Chambres;

elles seront adressées aux présidents de l'une ou de l'autre Chambre, et si un député ou un représentant se charge de déposer une pétition sur le bureau de la Chambre à laquelle il appartient, il aura le droit seulement d'en exposer brièvement les motifs. »

Article 52. « Les mesures prises, les lois décrétées par l'Assemblée nationale ne sont valables qu'autant que dans chacune des Chambres la moitié plus un des membres a participé au vote. »

Article 53. « Le pouvoir exécutif de la République réside dans un président élu par le suffrage direct de tous les gardes nationaux majeurs et non interdits de leurs droits politiques.

» L'élection a lieu le 15 août; elle n'est valable que si un des candidats a réuni 2 millions au moins de suffrages.

» La durée du mandat présidentiel est de trois ans.

» Le président peut être réélu immédiatement pour un second terme; il n'est plus rééligible ensuite qu'après un intervalle de six ans.

» Pour être éligible à la présidence, il faut être ou avoir été membre de l'une ou de l'autre Chambre composant l'Assemblée nationale.

» Le président entre en fonctions le 4 décembre de l'année où il a été élu. »

Article 54. « Le président est responsable pendant et après la durée de ses fonctions; il peut être arrêté et traduit devant le tribunal national suprême par décision de l'Assemblée nationale, les deux Chambres réunies et votant par tête à la tribune et à haute voix. »

Article 55. « Le président commande les forces de terre et de mer, mais il ne peut, sans l'autorisation préalable de l'Assemblée nationale, se mettre en temps de guerre à la tête d'une armée ou d'une flotte; il propose à l'Assemblée nationale la paix et la guerre; il négocie les traités de paix, d'alliance et de commerce; il rend les ordonnances nécessaires à l'exécution des lois, toute ordonnance étant nulle et de nulle valeur, si elle est contraire aux lois ou en suspend l'exécution; il nomme à tous les emplois civils, militaires et judiciaires, en se conformant aux lois et sous les restrictions stipulées en l'article suivant. »

Article 56. « Le président nomme et révoque à volonté les ministres, mais il ne peut les choisir que parmi les membres de l'Assemblée nationale.

» La nomination des ambassadeurs, ministres plénipotentiaires, ministres résidants, chargés d'affaires et consuls généraux de la République près les peuples étrangers est soumise à l'approbation de la Chambre des représentants; celle des conseillers d'État est soumise à l'approbation de la Chambre des députés.

» Dans l'armée, aucun grade supérieur à celui de chef de bataillon; dans la marine, aucun grade supérieur à celui de capitaine de frégate, ne peut être conféré par le président que sous l'approbation d'un comité nommé par la Chambre des représentants.

» Le président a droit d'en appeler à la Chambre des décisions de ce comité.

» La nomination des membres de la Cour des comptes est soumise à l'approbation de la Chambre des représentants.

» Le président nomme et révoque, sous sa responsabilité, les procureurs généraux et leurs substituts, les procureurs de la République et leurs substituts.

» Les juges de première instance, les juges d'appel et les juges de cassation sont nommés par le président, sauf approbation de la Chambre des représentants.

» Le président nomme et révoque, sous sa responsabilité, les commandants des brigades, divisions, corps d'armée et armées; des divisions, escadres et flottes de la République.

» Dans l'intervalle des sessions, le président pourvoit aux besoins du service par des nominations *ad interim*, si les fonctions vacantes ne peuvent être conférées définitivement sans l'approbation de l'Assemblée nationale. »

Article 57. « A l'ouverture de chaque session ordinaire ou extraordinaire, le président adresse à l'Assemblée nationale un message portant exposition de la situation et des besoins de la République, en recommandant à la sollicitude de l'Assemblée les objets qu'il en juge le plus dignes.

» Dans le cours des sessions le président adresse, chaque fois qu'il le juge nécessaire, des messages, soit à l'Assemblée nationale, soit à l'une ou à l'autre Chambre, pour appeler leur attention sur les sujets qui lui paraissent urgents. »

Article 58. « Le président promulgue, au nom du peuple, les lois, décrets et décisions portés par l'Assemblée nationale, et il veille à leur exécution sous sa responsabilité personnelle. »

Article 59. « Dans le cas de mort, de démission ou d'empêchement absolu du président, les ministres se constituent en conseil de régence, et convoquent à bref délai l'Assemblée nationale, qui avise à l'élection présidentielle.

» Si le successeur du président est déjà nommé, il entre immédiatement en fonctions. »

Article 60. « Les ministres sont responsables devant le président et devant les Chambres de l'Assemblée nationale. »

Article 61. « Les ministres ne sont justiciables que du tribunal national suprême.

» Si un ou plusieurs ministres sont accusés et mis en état d'arrestation par ordre du président, ils peuvent demander à l'Assemblée nationale leur mise en liberté provisoire.

» Si un ou plusieurs ministres sont accusés par une des Chambres, ils peuvent demander que l'accusation soit portée devant l'Assemblée nationale, votant Chambres réunies et par tête. »

Article 62. « Un ordre même écrit du président ne servira ni d'excuse, ni de circonstance atténuante à un ministre convaincu d'avoir violé la constitution ou la loi. »

Article 63. « Aucun arrêté, aucune décision emportant un caractère général ne sera exécutoire en l'absence du visa du président. »

Article 64. « En cas de violation de la constitution ou de la loi, un ordre présidentiel ou ministériel ne couvrira pas le fonctionnaire inférieur qui pourra être traduit comme complice devant le tribunal national suprême. »

Article 65. « La loi réglera le mode d'accusation et de poursuites contre les agents ministériels civils et militaires; ils sont justiciables du jury, et pourront être mis en jugement sans autorisation préalable du pouvoir exécutif, sauf recours de leur part en dommages-intérêts contre leurs accusateurs déboutés, sans préjudice des autres peines appliquées aux diffamateurs. »

DROIT ADMINISTRATIF.

Article 66. « Le territoire de la France demeure divisé en départements, arrondissements, cantons et communes.

» Le nombre des départements demeure fixé à 86, mais leurs circonscriptions pourront être remaniées par la loi, sur la demande unanime des députés et des représentants des départements qui sollicitent ce changement.

» Le nombre des arrondissements d'un département ne peut être augmenté ou diminué que sur la demande unanime des députés et représentants de ce département.

» Le nombre des cantons ne peut de même être modifié sans le consentement des députés et représentants du département, mais ici le consentement de la majorité des représentants et députés suffit à autoriser ce changement.

» Il demeure entendu que ces changements ne peuvent avoir lieu que par la loi.

» Un premier remaniement des communes, pour les ramener au nombre de 30,000, sera fait par décret du pouvoir exécutif, sur l'avis d'un comité pris en nombre égal dans les deux Chambres composant l'Assemblée nationale.

» Les changements subséquents ne pourront être opérés que par la loi. »

Article 67. « Chaque département est administré par un magistrat amovible nommé par le président de la République.

» Ce magistrat est assisté d'un conseil formant tribunal administratif, et dont les membres, nommés par le président de la République, ne peuvent être révoqués que par un arrêté motivé.

» Chaque arrondissement est administré sous la dépendance du magistrat de département par un magistrat amovible à la nomination du président de la République.

» Entre les sessions législatives, à une époque déterminée par le président de la République, les députés et représentants du département se réunissent chaque année en conseil général pour examiner la gestion du magistrat de département.

» La session des conseils généraux ne peut durer ni moins de dix, ni plus de vingt jours. »

Article 68. « Les communes sont administrées par un maire, des adjoints et un conseil municipal élus pour un temps déterminé par la loi par tous les gardes nationaux âgés de vingt et un ans, et résidant depuis plus d'un an dans la commune.

» Le budget des communes se divise en dépenses obligatoires et en dépenses facultatives.

» La loi arme l'autorité départementale des moyens de contraindre les communes aux dépenses déclarées obligatoires.

» Les communes peuvent posséder des édifices publics, des champs de foire et d'exercice; toute autre propriété immobilière leur est interdite.

» Les fonds des communes seront convertis en rentes sur l'État.

» Dans le cas de réunion de plusieurs communes en une seule, leurs fonds forment une masse indivise.

» Les communes peuvent s'imposer extraordinairement pour trois ans, sans l'avis préalable de l'autorité départementale, mais seulement dans une proportion à déterminer par la loi.

» Elles peuvent de même, de leur propre autorité, contracter des emprunts remboursables en cinq ans, et dont le capital n'excède pas un rapport à déterminer par la loi avec leur revenu.

» Toute autre surcharge et anticipation financière sont interdites aux communes, sans autorisation préalable d'une loi rendue sur l'avis conforme du conseil général.

» Tout arrêté, emportant un caractère de nature à affecter les droits généraux des citoyens, ne pourra être rendu par l'autorité municipale que sous l'approbation du magistrat de l'arrondissement, et dans les formes à régler par la loi.

Article 69. « Les maires, et par délégation leurs adjoints, sont chargés de la police municipale dont les attributions et la juridiction seront fixées par la loi.

» Ils tiennent les registres de l'état civil et ceux de l'état civique.

» La garde nationale sédentaire est aux ordres des maires; les chefs de la force armée soldée sont tenus de déférer aux réquisitions des maires, dans le cas où il n'existe dans la commune aucune autorité civile supérieure. »

Article 70 « Les maires de canton n'ont aucune autorité sur l'administration des autres communes; mais, dans le cas de réunion de la force armée de plusieurs communes, le maire du canton prend la direction de cette force, et les autres maires sont tenus de lui obéir comme à un chef hiérarchique.

» Les maires de canton ont le droit d'inviter ceux des communes ressortissant au canton à se réunir, au chef-lieu cantonal pour prendre des mesures intéressant plusieurs communes.

» Les mesures arrêtées dans ces réunions ne sont exécutoires que sauf approbation du magistrat du département. »

Article 71. « L'impôt direct est assis sur le revenu net ; il peut être calculé d'après le principe de la proportionnalité ou d'après celui de la progression, ou encore d'après ces deux principes combinés et appliqués selon la nature des revenus.

» Hors le temps de guerre, l'impôt proportionnel ne peut excéder douze pour cent, et l'impôt progressif dix-huit pour cent du revenu net. »

Article 72. « L'impôt sur le revenu provenant de rentes et créances hypothécaires ou rentes sur l'État sera inférieur au moins de moitié à l'impôt sur le revenu foncier.

» L'impôt sur le revenu des industries ne pourra excéder les trois cinquièmes de l'impôt sur le revenu foncier.

» L'impôt sur le revenu produit par les professions intellectuelles ne pourra excéder les deux cinquièmes de l'impôt sur le revenu foncier.

» L'impôt sur le revenu produit par le travail manuel ne pourra être égal qu'au cinquième de l'impôt sur le revenu foncier.

Article 73. « Les tarifs de douanes sont à la fois un impôt et une protection.

» En tant qu'impôt ils seront calculés, d'après le principe que la modération des taxes fait la richesse du trésor.

» En tant que protection, ils seront calculés de manière à ne servir que les industries placées dans de bonnes conditions financières et scientifiques.

» Les tarifs seront législativement revisés tous les cinq ans au plus tard. »

Article 74. « Les conventions commerciales avec les nations étrangères seront combinées de manière à amener des échanges par espèces déterminées et par quantités limitées, afin d'établir entre peuples une balance *ad valorem*, équitable autant que possible.

» La loi instituera des inspecteurs agricoles et industriels qui, par des rapports mensuels, tiendront la production au courant des besoins de la consommation.

» La restitution des droits d'importation est de principe dans le cas d'exportation ; la loi détermine les modes selon lesquels cette restitution est calculée. »

Article 75. « Les associations industrielles, mercantiles ou autres, ayant pour but le lucre, ne seront constituées qu'après avoir obtenu du pouvoir exécutif, sur l'avis conforme du conseil d'État, l'approbation de leurs statuts.

» L'État est l'arbitre né de toutes les difficultés qui peuvent s'élever entre les associés et la direction des associations.

» La loi règle le mode de cet arbitrage, dont les décisions sont sans appel.

» La loi décide également des cas où un agent de surveillance doit être placé par l'État près des associations, et aux frais desdites associations.

» Nulle association ne peut avoir une durée de plus de vingt-cinq ans ; la reconstitution de l'association sera dénoncée six mois à l'avance au pouvoir exécutif, qui doit requérir l'avis du conseil d'État sur la convenance de maintenir ou de modifier les statuts existants. »

Article 76. « Aucune association ne peut avoir pour but l'exploitation des routes, canaux, chemins de fer, télégraphes électriques ou autres.

» Les emprunts contractés par l'État ne peuvent l'être par l'entremise soit d'un particulier, soit d'une association particulière. »

Article 77. « Dans l'intérêt public, l'Assemblée nationale peut adjuger à l'État le monopole de la fabrication des armes et de la poudre de guerre et tout autre monopole dont l'utilité serait reconnue. »

Article 78. « La loi peut créer des banques ou comptoirs de crédit agricole, industriel, commercial, dans lesquels l'État entre en participation de bénéfices et de pertes.

» Il est de principe constitutionnel que le pouvoir exécutif nomme les directeurs de tous les établissements où l'État entre en participation.

» Si l'intervention de l'État se borne à une commandite, l'établissement, quel que soit son titre, peut rester dans le droit commun. »

Article 79. « La loi détermine la compétence et les formes de la juridiction du conseil d'État, dont les membres ne peuvent être révoqués que sur un arrêté pris par le président de la République en conseil des ministres.

» Toutefois, il est de principe constitutionnel que les questions d'expropriation pour cause d'utilité publique, celles des servitudes militaires, maritimes, fluviales et routières, quel que soit le mode de locomotion, et les questions de prises maritimes sont dans la compétence de ce tribunal administratif. »

Article 80. « Le conseil d'État rend des arrêts définitifs ; cependant le président de la République peut opposer à ces arrêts un *veto* suspensif fondé sur une fausse interprétation de la loi ; en ce cas l'Assemblée nationale prononce souverainement. »

Article 81. « Le droit d'expropriation immédiate pour cause d'utilité publique législativement déclarée s'exerce par l'État, moyennant le dépôt d'une somme calculée d'après l'impôt dans une proportion déterminée par la loi ; la liquidation de l'indemnité a lieu ensuite par le conseil d'État sur le rapport d'un jury, rapport n'ayant que la valeur d'un avis. »

Article 82. « La cour des comptes, dont la composition sera réglée et les attributions déterminées par la loi, porte sur la comptabilité de tous les départements ministériels, des arrêts qui ont force de chose jugée s'ils ne sont redressés par l'Assemblée nationale.

DROIT JUDICIAIRE.

Article 83. « Les jugements et arrêts de la justice sont indépendants du pouvoir politique et du pouvoir administratif. »

Article 84. « La justice est administrée par des magistrats non sujets à révocation. »

Article 85. « Nul magistrat inamovible ne peut obtenir d'avancement ni même de permutation, s'il n'a renoncé à l'inamovibilité et occupé pendant quatre ans au moins des fonctions révocables dans le ministère public, ou s'il n'est l'auteur d'un ouvrage de droit approuvé depuis plus d'un an par la cour de cassation. »

Article 86. « Les circonscriptions judiciaires actuellement existantes sont maintenues, sauf modifications à intervenir sur la demande unanime des représentants et députés des départements où ces modifications seront effectuées par la loi. »

Article 87. « Il y a trois degrés de juridiction : la première instance, l'appel, la cassation. »

Article 88. « La loi déterminera la composition des cours et tribunaux. »

Article 89. « Les tribunaux de première instance prononceront sans appel sur toutes les causes civiles dont l'intérêt n'excède pas 3,000 fr., le recours en cassation étant toujours de droit. »

Article 90. « L'institution des justices de paix est maintenue.

» Les juges de paix sont nommés par le président de la République sur une liste triple de candidats formée par les représentants et députés du département en conseil général.

» Ils sont nommés pour cinq ans, et peuvent indéfiniment être portés sur la liste des candidats.

» La loi détermine la compétence et la juridiction des juges de paix. »

Article 91. « La loi civile interdira toute hypothèque occulte.

» Elle posera des règles et publiera des formules pour faciliter les ventes d'immeubles, les emprunts hypothécaires et les constitutions de rentes temporaires, perpétuelles, ou viagères sous seing privé, avec assistance de témoins.

» Les ventes d'immeubles sous seing privé ne seront consommées toutefois qu'après l'accomplissement des formalités de publicité. »

Article 92. « La loi veillera à la conservation des actes par leur enregistrement et leur transcription en deux bureaux situés en des localités différentes, afin de se prémunir contre toutes tentatives ou accidents d'incendie. »

Article 93. « Les frais d'enregistrement seront proportionnels aux valeurs énoncées dans les actes; les frais de transcription seront fixés à raison de tant la ligne. »

Article 94. « La loi s'appliquera à simplifier toutes les formes de la procédure et à diminuer tous les frais de justice. »

Article 95. « Les droits des absents et des mineurs seront réglés par la loi, de manière à ne pas entraver le mouvement de la propriété foncière. »

Article 96. « Le terme le plus long de la prescription ne pourra excéder vingt ans. »

Article 97. « Non-seulement l'intervention d'un jury de jugement est de rigueur dans les causes criminelles et les accusations pour délits politiques et de presse, elle est aussi de principe constitutionnel dans toutes les causes correctionnelles, lorsque l'accusation entraîne, abstraction faite de la récidive, un emprisonnement de plus de six semaines. »

Article 98. « Des assises correctionnelles seront tenues tous les mois, et plus souvent s'il y a lieu, dans les chefs-lieux d'arrondissement, selon les formes prescrites par la loi. »

Article 99. « Le renvoi devant les assises correctionnelles sera prononcé par les juges. »

Article 100. « Le renvoi devant les assises criminelles sera prononcé par un jury d'accusation. »

Article 101. « Les électeurs désignés dans chaque commune élisent un d'entre eux sur dix pour former la liste du jury d'accusation, liste qui a la même durée que celle du jury de jugement. »

Article 102. « Tout juré, soit de jugement, soit d'accusation, ayant accompli une fois son office, ne peut être rappelé une seconde fois qu'après l'épuisement complet de la liste. »

Article 103. « Les jurés d'accusation sont tirés au sort comme les jurés de jugement. »

Article 104. « A tout jury de jugement criminel ou correctionnel seront soumises la question de circonstances atténuantes, et, s'il y a lieu, celle de dommages-intérêts. »

Article 105. « La peine de mort est abolie, si ce n'est pour désertion à l'ennemi et en temps de guerre. »

Article 106. « Sont exclues des codes français la peine de la marque et toute peine emportant mutilation. »

Article 107. « Les châtiments corporels sont interdits, même envers les prisonniers. »

Article 108. « La loi avisera aux moyens d'empêcher toute communication des prévenus entre eux et des condamnés entre eux, en veillant à ce que la raison des prisonniers ne soit point atteinte par l'absence de relations humaines. »

Article 109. « Le président de la République peut surseoir à l'exécution des jugements, et faire présenter à l'Assemblée nationale des demandes en commutation, qu'elle seule peut accorder.

» Aucune demande en commutation ne peut être adressée directement à l'Assemblée nationale. »

Tribunal national suprême.

Article 110. « Le tribunal national suprême se compose des présidents et vice-présidents de la cour de cassation et des premiers présidents des cours d'appel.

» Au cas d'empêchement du président d'une cour d'appel, il est suppléé par le doyen des vice-présidents de cette cour. »

Dispositions réglementaires.

Article 141. « Les armées de terre et de mer demeurent soumises à une juridiction spéciale. La législation à intervenir s'appliquera à donner aux accusés toutes les garanties compatibles avec le maintien de la discipline et l'autorité du commandement. »

Article 142. « A l'avenir aucune loi ne pourra être modifiée par renvoi à une autre loi ; les articles conservés de l'ancienne loi seront inscrits dans la nouvelle. »

Disposition transitoire.

Toute loi pénale et de procédure criminelle antérieure à l'établissement de la République est abrogée de droit si elle n'a été expressément confirmée ou prorogée dans le délai d'un an à partir de la promulgation de la présente constitution.

www.ingramcontent.com/pod-product-compliance
Ingram Content Group UK Ltd.
Pitfield, Milton Keynes, MK11 3LW, UK
UKHW022138070726
13613UKWH00003B/1370